Anonymous

Die Lotterien - Ein Gemälde nach dem Leben

Anonymous

Die Lotterien - Ein Gemälde nach dem Leben

ISBN/EAN: 9783743618435

Hergestellt in Europa, USA, Kanada, Australien, Japan

Cover: Foto ©ninafisch / pixelio.de

Manufactured and distributed by brebook publishing software
(www.brebook.com)

Anonymous

Die Lotterien - Ein Gemälde nach dem Leben

Die Lotterien.

Ein
Gemählde nach dem Leben.

Mit
Patriotischer Freyheit geschildert.

Ulm,

bey Albrecht Friederich Bartholomäi,

1771,

 Das Wort Lotterie ist so bekannt zu unsern Zeiten, daß schwerlich jemand eine Erklärung desselbigen begehren wird. Sollte man aber dennoch eine von mir fodern, so würde ich sagen: Die Lotterien seyen eine listige Erfindung, auf eine künstliche Art eine Menge einzelner Personen dahin zu bewegen, daß sie mit ihrem Gelde, freywillig, die Beutel etlicher weniger andrer füllen. Mich dünket, es werde nicht viel wider diese Beschreibung einzuwenden seyn, da die tägliche Erfahrung lehret, daß bey den Lotterien viele hunderte verarmen, und durch ihren Verlust eine geringe Anzahl andrer reich werden; und eben diese Erfah-

rung

rung lehret auch, daß diejenige, welche den
Lotterien vorstehen, würklich die von
mir gemeldete Absicht haben. Es wird sich
solches in der Folge deutlich zeigen.

Die Lotterien haben sowohl ihre
Freunde als Feinde. Nichts als der Ei-
gennutz beweget die erstern sie zu vertheidi-
gen. Sie bekümmern sich wenig um den
Schaden, welcher der bürgerlichen Gesellschaft daraus entstehet, und bemühen sich
nur, ihren Geitz zu sättigen, es geschehe
solches nun auf was für eine Art es wolle.
Da es aber die Pflicht eines jeden patriotisch gesinnten Bürgers ist, diejenigen Dinge, welche der Gesellschaft überhaupt einen
unersetzlichen Schaden zubringen, so viel
an ihm ist, zu verhindern, oder wenigstens, wenn man sie unter einem falschen
Anstriche vorstellet, denselben zu entdecken:
so habe ich mich aus dieser Ursache auch
entschlossen, einige unparteyische Anmerkungen über die zu unsern Zeiten so sehr
einreißende Lotterien, ans Licht zu geben,
und ich wünsche, daß vielen von meinen
Lesern dadurch die Decke vor ihren Augen
weggenommen werden möge, welche sie bisher des Gesichtes beraubt hat.

Die

Die eigentliche Epoche von Einführung der Lotterien weiß ich nicht zu bestimmen. Es kömmt mir aber höchst wahrscheinlich vor, daß solcher in der bey allen bekannten alten Völkern üblichen Gewohnheit, wichtige Fälle durchs Loos zu entscheiden, zu suchen seye. Man zog das Loos über den künftigen Ausschlag eines Krieges, bey der Besetzung wichtiger Aemter, den Rechtschuldigen an einer begangenen That zu entdecken, und so weiter zu rathe. Ich weiß wohl, daß die alte Heiden einen unsichtbaren Einfluß ihrer Götter dabey annahmen; aber wie viele von ihren vormaligen Gebräuchen sind nicht, nur mit einigen veränderten Umständen, noch lange nachher übrig geblieben? Man hatte gesehen, daß man Ehren-Aemter durch den Zufall und ein blindes Glück erlangen konnte; man wollte sich dieses Mittels auch zu Erlangung der Reichthümer bedienen. Die Begierde nach Reichthum ist noch größer als nach Ehre. Einige derschlagene Köpfe erfanden die Lotterien. Sie erhielten bald Beyfall, und man scheuete sich nicht, eine kleine Summe aufzuopfern, um eine große zu gewinnen. Ein jeder schmeichelte sich mit der Hofnung, derjenige

Glückliche

Glückliche zu seyn, welcher den höchsten Preiß erhalten würde, und so gewannen die Lotterien von Zeit zu Zeit mehrern Fortgang. Freylich werden die erste nicht so künstlich eingerichtet gewesen seyn, als alle die neue Lotti zu unsern Zeiten.

Ich bin geneigt zu glauben, daß Italien der erste Schauplatz der Lotterien in neuern Zeiten gewesen sey. Wenigstens stimmen alle vorhandene Nachrichten darinne überein, daß die erste Vorsteher der Lotterien in andern Ländern, meistens Italiäner waren; und im Jahr 1653. machte ein Neapolitaner, namens Laurentius Conti, die sogenannte Tontinen oder Leibrenten, zuerst in Paris bekannt. Die Franzosen sind vor allen andern Völkern geneigt, neue Moden anzunehmen; sie nahmen auch diese mit vieler Begierde an. Und es ist bekannt, daß die Italiäner, vor allen andern Völkern, den Ruhm behaupten, daß sie in Ansehung ihres Privat Nutzens die verschlagensten sind.

Frankreich befand sich durch die, während der Minderjährigkeit des Königs, vorgefallene Unruhen, in einem schlechten Zustande. Man mußte alle mögliche Mittel

tel ergreifen, dem geschwächten Staats-
Körper wieder aufzuhelfen. Man nahm
alle Vorschläge mit beeden Händen an, welche sich nur einigermaßen thunlich befanden. Die Lotterien waren nicht das letzte
Mittel. Der berühmte Colbert sah sie
als eine bequeme Gelegenheit an, das Geld
der Unterthanen, ohne sie mit weitern
Auflagen zu belästigen, und ohne Mucken,
in den Königlichen Schatz, zur Ausführ-
rung seiner weitläuftigen Projekte, zu bringen. Die Uebernehmer solcher Anstalten
wurden mit Königlichen Freyheits-Briefen
versehen; die Schatzkammer gewann unermeßliche Geld-Summen, und die Vorsteher der Lotterien nicht weniger, und die
Unterthanen wurden dadurch nicht beschwe-
ret, denn sie opferten ihr Geld mit Freu-
den auf.

Engelland und Holland, welche
sich durch die damalige Herrschsucht des
Französischen Monarchen in die Nothwendigkeit versetzet sahen, sich in eine zulängli-
che Verfassung zu setzen, ergriefen eben das
Mittel, welches in Frankreich so gut ge-
lungen war. Sie richteten Lotterien auf,
weil es schwer hielt in diesen Ländern, den

A 4　　　　　Bürgern,

Bürgern, ohne die dringendste Noth, ausser=
ordentliche Abgaben aufzulegen.   Der
Staat bekam seinen Antheil von dem Ge=
winnste,   und alle Einwohner eileten um
die Wette, ihr Geld zum Wohlseyn dessel=
ben aufzuopfern, ohne daß sie es selbst
wußten; und derjenige, welcher sich beschwe=
ret haben würde, einen Gulden an einer
neuen Steuer, zur Beschützung des Vater=
landes zu bezahlen, opferte nunmehr frey=
willig zehen auf, in der Hofnung auf ein=
mal reich zu werden.   Man fieng nun
auch die gute Wirkung dieser neuen Erfin=
dung in andern Ländern zu bemerken an.
Die Staatsminister sahen den Nutzen davon
ein, und jede Privat=Person schmeichelte
sich mit der Hofnung, eben das Glücke er=
halten zu können, wie dieser oder jener,
welcher in den Lotterien zu Paris, Lon=
den, oder im Haag, das größte Loos ge=
zogen hatte.

Die Absicht bey Einführung der Lot=
terien,   unter den ansehnlichsten Natio=
nen von Europa,   hatte also im Anfange
einen guten Endzweck.   Man suchte den
verfallenen Finanzen dadurch aufzuhelfen,
und das, nach den damaligen Umständen
nöthige

nöthige Geld, ohne Beschwerung der Unter:
thanen zu erheben.   Da diese alles aus
freyem Willen gaben, so konnte sich auch
keiner darüber beklagen, daß man ihm
zuviel aufbürdete.   Ein jeder dachte viel:
mehr, wenn es mir das erstemal gefehlet
hat, so wird mir das Glück das zweytemal
desto günstiger seyn, und er versuchte sein
Glück so lange, als er noch Geld hatte.
Auf diese Art behielt die Schatzkammer
einen beständigen Zufluß von dem Gelde
der Privatpersonen, welche sich sonst, wie
man unzählliche findet, geweigert haben wür:
den, nur einen Heller, unter dem Namen
einer ihnen auferlegten Abgabe, zu erle:
gen.   Der Nutzen, welcher von dieser an:
fänglichen Einrichtung der Lotterien für
den Staat entstand, ist leicht zu begrei:
fen.   Er wurde aber, so gut die Absicht
Anfangs seyn mochte, bald verdorben, wie
es sehr oft bey guten Einrichtungen zu ge:
hen pfleget.

   Der gute Fortgang dieser Lotterien
fiel einem jeden in die Augen.   Einige ge:
winnsüchtige Privat-Personen, von ihrem
Geitze angetrieben, glaubten, es sey ihnen
eben sowohl als dem Staate erlaubt, sich

auf

auf diese Art zu bereichern. Sie errichteten
unter sich Gesellschaften, erbothen sich gewisse Summen von ihrem Gewinnste an den
Staat zu bezahlen, und erhielten dadurch
die Erlaubniß, von eben so Geißigen, und
in Ansehung des wahren Wohls der Gesellschaft verblendeten Ministern, nach ihrem
Gutdünken, andre Bürger zu berauben.

Nunmehr häufeten sich die Lotterien
aller Orten. Ein gewinnsüchtiger Kame-
ralist an einem kleinen Hofe, welcher sich
durch seine Projekte in Ansehen zu setzen
suchte, schlug zuweilen seinem Herrn vor,
sich eben des Mittels, welches in vorher
wohnten Ländern so große Summen einge-
tragen hatte, zu bedienen, um seine Schatzkammer zu bereichern. Der herrschende
Geschmack nach dem Beyspiele größerer
Reiche, allerley Waysenhäuser, Fabri-
cken, Manufacturen anzulegen, und einen
genugsamen Fond darzu auszumachen,
verschafte den Vorschlägen von Lotterien
Eingang. Man errichtete hier und da viele derselben zum Besten gemeinnützlicher
Stiftungen, und so weit gieng es gut.

Es ist also gewiß, daß der Endzweck
bey Errichtung der ersten großen Lotterien,

der

der Nutzen des Staates war, und auch
wirklich dadurch erreichet wurde. Die
Lotterien würden allezeit nützlich geblieben
seyn, wenn man nur diese heilsame Absicht
im Auge behalten, wenn man die Sache
nicht übertrieben, wenn der Staat selbst
beständig darüber gewachet, und nicht ge=
winnsüchtigen Privatpersonen aus falschen
Vorspieglungen allzuviele Freyheiten einge=
räumet hätte. Was eine unter sorgfälti=
ger Aufsicht des Staates wohl eingerich=
tete Lotterie demselbigen für Nutzen brin=
get, erhellet ganz deutlich, wenn man nur
die sich schon so lange erhaltene Holländi=
sche Generalitäts = Lotterie, betrachten
will. Ich bin also weit davon entfernet,
den Lotterien alle Nutzbarkeit abzuspre=
chen; aber die dabey eingeschlichene Miß=
bräuche verursachen der bürgerlichen Ge=
sellschaft einen unersetzlichen Schaden.

Ich habe oben gesagt, man habe die
heilsame Absichten bey der ersten Einfüh=
rung der Lotterien nicht mehr im Auge
behalten. Ich will mich erklären. Wenn
dergleichen Anstalten eine gute Wirkung für
den Staat haben sollen, so müssen sie zum
wirklichen Nutzen desselben angewendet wer=
den.

den. Wenn derselbe in ausserordentlichen Fällen Geld nöthig hat, wenn dadurch nützliche Anstalten befördert werden, wenn Schulden, welche ihn drücken, dadurch getilget werden können: so ist es in allwege nicht nur erlaubt, sondern auch löblich, die Unterthanen auf diese Art ohne Mühe zu einer freywilligen Steuer zu bewegen; aber diese gute Absichten ließ man aus der Acht. Man sah die Lotterien für ein so leichtes Mittel, Geld in die Kassen zu bringen, an, daß man sich dieses Mittels bey allen Gelegenheiten bediente. Zu jeder anzustellenden Lustbarkeit, zu jeder neuen, oft unnöthigen Ausgabe, wozu man nicht so gleich einen Fond wußte, errichtete man eine Lotterie. Der wahre Nutzen des Staates, welchen man noch lange auf diese Art hätte befördern können, wurde dadurch vernachläßiget; derjenige, welcher sein Geld in einer Lotterie gewaget hatte, war nicht im Stande in die andere zu setzen, die Einlage warf nicht viel ab, und viele dergleichen Anstalten giengen zu Grunde.

Daher sagte ich, daß man die Sache übertrieben habe. Dieses geschah aber nicht

nicht allein auf die so eben von mir er-
wehnte Art. Die Anzahl der Lotterien
häufete sich allzusehr. Man sah, daß die
große Lotterien sehr viel Geld einbrachten.
Dieses lockte geringere Staaten an, eben
dieses Mittel im Kleinen zu versuchen. Um
den Nutzen der eignen Lotterie zu befördern, verboth man, daß die Unterthanen
in keine auswärtige legen sollten. Die
Nachbarn gebrauchten sich eben dieses Mittels, den Ihrigen zur Aufnahme zu ver-
helfen; dadurch wurde die Zahl der Mitspieler verringert. Manche hatten sich auch
das Vorurtheil in den Kopf gesetzt, sie
seyen an einem Orte glücklicher als am andern, und da es ihnen verbothen war, dort
einzulegen, wo sie wollten, so blieben sie
gar zurücke. Dadurch konnten sich die
kleine Lotterien nicht erhalten, und geriethen in Stecken, ohne daß das bereits einge-
nommene Geld wieder bezahlt wurde.

Unterdessen wollte man diese, dem
Ansehen nach so vortheilhafte Anstalten,
nicht fahren lassen, und suchte ihnen auf
alle Art wieder aufzuhelfen. An vielen Orten aber verloren die Herren des Landes
und ihre Minister, durch den schlechten
Fortgang

Fortgang die Lust, dergleichen Unternehmungen weiter fortzusetzen. Es fanden sich aber, wie es bey allen solchen Anstalten zu geschehen pfleget, Projektmacher genug, welche sich erbothen, dem Staate große Summen zu bezahlen, woferne man ihnen unter dessen Schutze, Lotterien anzurichten, erlauben, und ihnen Freyheitsbriefe darüber ertheilen wollte. Diese Vorschläge wurden an vielen Orten angenommen. Auf diese Art schmeichelte man sich, ohne Mühe große Summen in die Schatzkammern bringen zu können. Der Ausgang stimmete nicht mit der davon gefaßten Einbildung überein. Viele von diesen kleinen Lotterien kamen nicht zu Stande, und an statt gewisse Summen an den Staat zu liefern, nahmen die Entrepreneurs mit dem schon empfangenen Gelde die Flucht, und diejenige, welche schon eingelegt hatten, sahen sich betrogen. Dieses machte den Lotterien einen üblen Namen, und benahm vielen den Muth darein zu setzen. Der Staat, welcher solchen Leuten Schutz und Freyheiten ertheilet hatte, litt selbst dadurch an seinem Credit, und die Lotterie-Sucht verlor sich fast gänzlich, wenigstens in Deutschland. Verschiedene kleine
Städte

Städte und regierende Herren hatten ihre errichtete Lotterien garantirt, der Erfolg war nicht glücklich, die Entrepreneurs machten sich unsichtbar, die Regierung hatte nichts empfangen, die Schatzkammer wollte das Geld, welches in andrer Beutel geflogen war, nicht wieder ersetzen; diejenige, welche eingelegt hatten, verloren das Ihrige, und so fiel das Ansehen der Lotterien.

Wie gerne wünschte ich nicht im Stande zu seyn, hier diese kurze Geschichte der Lotterien beschließen zu können! Aber ich finde mich gezwungen zu sagen, daß sich seit ohngefähr zwanzig Jahren die Lotteriesucht nicht allein erneuert hat, sondern sogar an verschiedenen Orten in eine wirkliche rasende Begierde reich zu werden, zum größten Schaden der bürgerlichen Gesellschaft, ausgeschlagen ist.

Der überall einreißende Geldmangel brachte eine Menge neuer Erfindungen hervor, demselben abzuhelfen. Man hatte zuvor gesehen, daß die Lotterien ein bequemes Mittel dazu gewesen waren; man entschloß sich also solches wieder zu ergreifen. Unterdessen waren sie aber in einem gar zu üblen

übeln Rufe, als daß man sich hätte mit
Zuversicht einen glücklichen Fortgang versprechen können.   Man suchte die Augen
des Publikums zu verblenden, und holete
die Erfindung dazu aus Italien.   Das
Lotto di Genoua mußte einen neuen Namen leihen.   Es waren keine Lotterien
mehr, es waren Lotti.   In kurzer Zeit
war keine ansehnliche Stadt, welche nicht
ihr eignes Lotto hatte.   Ferne sey es von
mir, dasjenige tadeln zu wollen, was große Herren, oder kluge und erfahrne Minister sich als ersprießlich zur Wohlfahrt eines gewissen Landes vorstellen.   Meine Absicht gehet nicht weiter, als es der Beur-
theilung aller Vernünftigen zu überlassen,
was für das allgemeine Wohl am zuträg-
lichsten ist, wenn ich einige wenige in der
Wahrheit gegründete Anmerkungen werde
angeführet haben.

Weil die große beständig sich erhalten-
de Lotterien keinen so großen Zugang
mehr hatten, theils, wegen des hohen Prei-
ses der Loose, theils wegen des bey vielen
gefallenen Kredits; so erdachten gewinn-
süchtige Leute neue Mittel, das Publi-
kum anzulocken.   Der fremde Name ei-

nes Lotto machte den gemeinen Mann begierig, welcher dieses Glücks-Spiel für
ein, von den vorigen Lotterien ganz un-
terschiedenes ansah; insonderheit da man
ihm in denen gedruckten Plans, welche er
nicht verstand, sein zu hoffendes Glück
als ganz unfehlbar vorzustellen wußte. Alles lief jenem zuerst errichteten Lottos zu.
Der gute Fortgang weckte andere unter-
nehmende Geister auf. In kurzer Zeit waren in großen Reichen fast so viele Lotto,
als ansehnliche Städte, zu finden. Die
Leute aufzumuntern, ersann man allerhand
neue Erfindungen und Einrichtungen. Man
erleichterte dem armen Manne die Begierde reich zu werden durch allerley künstliche Plans. Man konnte mit einer sehr
geringen Einlage, wenn man das Glück
hatte, eine Quaterne zu ziehen, auf Le-
benslang reich werden. Es war nicht nöthig, allezeit einen ansehnlichen Theil seines Vermögens daran zu wenden; man
konnte nach Belieben, ganz anders als
in den vormaligen Lotterien, von einem
Kreutzer an, bis auf zehn, fünfzig, hundert Gulden, einsetzen, ja einige kluge
Lotto Vorsteher, wohl versichert, daß man
in hundert Jahren keine Quaterne ziehen
würde,

D

würde, erlaubten den Einsatz von tausend und noch mehr. Die Künsteley gieng
noch weiter. Als man wahrnahm, daß
sich alle diese Lotto so sehr häufeten, so
suchten sich sehr viele dieses Mittels zu bedienen, welche zuvor nicht daran gedacht
hatten. Sie mußten neue Anlockungen
haben, weil sie nur im kleinen handelten,
daher die Buchstaben Lotti, die vielerley
künstliche Zahlen Lotterien, die Gesellschaft der Wohlthätigen, die vielerley
Geld und Renten-Gesellschaften, welche
doch in der That nichts anders als nach
dem Italiänischen Geschmacke, mit einiger
Veränderung eingerichtete Lotti sind. Allein
man mußte, wie ich schon erwähnet, neue
Namen erfinden, um die Leute besser an-
zureitzen. Man bediente sich auch dieses
Mittels, um allerley Dinge, welche man
nicht füglich los werden konnte, geschwin-
der an den Mann zu bringen, und errichtete Lotterien von Edelgesteinen, Büchern,
Flachs, u. s. w. Zum Erstaunen ist es,
daß die rasende Gewinnsucht so sehr über-
hand genommen hat, daß sich alle diese un-
zählische Lotti aufrecht erhalten können.

So weit gehet die Lotterie Geschichte
bis auf unsere Zeiten, oder vielmehr das
wenige, was ich davon zu sagen für nöthig gehalten habe. Denn was für ein
unabsehliches Feld würde man nicht be-
treten müssen, wenn man sich hier weitläuftiger ausbreiten wollte. Es wird nunmehr darauf ankommen, daß man ohne
Vorurtheil betrachte, was diese schön
scheinende Anstalten dem Staate und der
bürgerlichen Gesellschaft überhaupt, oder
einzelnen Personen insbesondre, für Nutzen oder Schaden bringen. Die Erfahrung, als die beste Lehrmeisterinn, wird
hauptsächlich entscheiden müssen, was die
letztere betrift, und ich werde solche mit
wahren und gegründeten Beyspielen zu
bestärken suchen.

Man hat oben schon gesehen, daß ich
bey gewissen dringenden Angelegenheiten
die Lotterien für ein bequemes Mittel halte, dem Staate auf eine leichte Art das
benöthigte Geld zu verschaffen. Man hat
sich dieses Mittels mit dem grösten Vortheile in England und Holland bedienet. Die Erfahrung lehret es, daß man
in einem freyen Staate nicht leicht ein bes-

B 2   seres

feres finden kann. In England zum
Beyspiele, murret das Volk bey der geringsten Vergrößerung der ordentlichen Abgaben, und man muß zufrieden seyn,
wenn es nur beym Murren bleibt. Man
bedienet sich also sehr oft der Lotterien mit
glücklichem Erfolge, um dem Staate in
dringenden Angelegenheiten so oder so viel
tausend Pfunde zu verschaffen. Das Volk
bringet, in Hofnung zu gewinnen, willig
sein Geld, und derjenige, welcher verlieret,
darf sich über seinen Verlust nicht beklagen,
weil es in seinem freyen Willen stand,
einzusetzen oder nicht. Auf diese Art erhält der Staat einen wahren Nutzen, und
die benöthigte Summen kommen ohne
Mühe in die Schatzkammer, da sonsten,
wenn man deswegen eine neue Auflage
hätte machen wollen, man sich unendlichen
Schwierigkeiten ausgesetzet haben würde,
und derjenige, welcher nun dem Staate
freywillig zehn Pfunde bezahlet, würde sich
geweigert haben zehn Schillinge zu bezahlen,
wenn er geglaubet hätte, dazu gezwungen
zu seyn. Denn der Satz bleibt einmal
wahr: die Welt will betrogen seyn.

Allein,

Allein, hieraus ist noch kein allgemei-
ner Schluß für die Nutzbarkeit der Lotterien zu machen. Was in England und
Holland nützlich ist, kann in andern Ländern verderblich seyn; Kleine Staaten können sich nicht immer mit Vortheil nach
dem Beyspiele der grössern richten. Der
Ueberfluß an Geld in obgedachten Ländern,
und die Gelegenheit dasselbe zu erwerben,
machen, daß diejenige, welche eine gewisse
Summe in den Lotterien wagen, den
Verlust derselben leicht verschmerzen können,
und der Staat leidet dadurch keinen Schaden an den ordentlichen Abgaben, weil
die Unterthanen nicht dadurch ausser Stand
gesetzet werden, dieselbige zu bezahlen. Zudem ist es durch den hohen Preis der Loose
Leuten vom niedrigsten Stande ohnehin verbothen, ihre wenige Haabseligkeit auf einen ungewissen Glücksstreich zu wagen, und
durch deren Verlust an den Bettelstab zu
gerathen. Ueber dieses ist ein jeder versichert,
daß sein Geld, wenn er solches auch verlieret, doch zum Nutzen des Staates, nicht
aber einige Privatpersonen zu bereichern,
angewendet wird, und er also doch wiederum selbst Vortheil davon ziehet. Der
Staat hält selbst ein wachsames Auge darauf,

auf, und verhindert dadurch alle Betrügereyen.   Auf diese Art siehet man leicht ein,
daß die Lotterien in England und Holland, oder in allen Grossen Städten,
wo man sich gleicher Einrichtungen bedienet, wo sich eben so viel Menschen und
eben so viel Geld befinden, von ziemlichem
Nutzen seyn können.

Nunmehr wollen wir das Gemählde
auf der andern Seite betrachten, und sehen, was die viele Lotti in andern Ländern
und ohne diese Einrichtung, sowohl dem Staate als einzelnen Personen für Schaden verursachen.

Wenn in einem Lande, welches von
einer Million Menschen bewohnt ist, hunderttausend ihr Geld in einer Lotterie
wagen, so ist dieses erst der zehnte Theil
der Einwohner, und noch dazu, in Ansehung der grossen Summe, welche erfodert
wird, Loose zu erkaufen, nur der reichste
Theil derselben, welchem es nicht darauf
ankömmt, einige hundert Gulden mehr o-
der weniger zu haben, und welcher auch
bey dem Verlust desselben nichts destowe-
niger im Stande verbleibt, die einmal an-
gesetzte Abgaben für den Staat zu bestreiten.   Es sind auch zu gleicher Zeit, bey der
Menge

Menge der Einleger die Billeten geschwind
ausgegeben, und die Lotterie kann gezogen
werden, wenn man will. Sie erhält sich
im Stande; die Einleger bekommen Muth,
wenn sie sehen, daß die Unternehmung
durch keine Hindernisse aufgehalten wird;
und so geräth dieses Mittel, Geld zu machen, in solches Ansehen, daß man bey jeder Staats-Bedürfniß sich dessen wieder
füglich gebrauchen kann, und nicht verlegen seyn darf, wo man eine genugsame
Anzahl von Loosen absetzen könne.

Alles dieses verhält sich ganz anders
in einem Staate, welcher nicht mehr als
hunderttausend Bürger, oft lange nicht
einmal so viel enthält, und wo man dessen
ohngeachtet Lotterien von fünfzig bis hunderttausend Loosen errichtet, um zu nicht
nothwendigen Ausgaben einige tausend
Gulden in die Schatzkammer zu bringen.
Unter diesen Einwohnern befinden sich wenigstens neun Theile, welche entweder keine Lust, oder kein Geld haben, die Einlage zu bestreiten. Was für Rath also?
Man überläßet die ganze Unternehmung
Leuten, welche sich mit Projektmachen
nähren, und sich erbiethen die verlangte

Summe

Summe sogleich in die Schatzkammer zu
liefern, wenn man ihnen dafür die Freyheit gestatten will, nach ihrem vorgeschla-
gnen Plan, eine Lotterie zu errichten.
Was ist nun zu thun? Die benöthigte
Summe will man sogleich haben, der En-
treprenneur erbiethet sich, sie augenblicklich
zu bezahlen, und nun erhält er alle Freyheiten, welche er verlangt hatte. Von
diesem Augenblicke an ist er Meister,
und für zehen vom hundert, welche er dem
Staate bezahlet, schiebt er dreyßig in seinen Beutel.

Dieses erfodert eine weitere Betrach-
tung. Um die Lotterie im Gange zu erhalten, bedienet man sich aller nur möglichen Mittel, die Einwohner zur Einlage
zu bewegen. Wenn bey hunderttausend
Bürgern nur der zehente Theil sein Geld
wagen wollte, so würde die Lotterie nicht
lange bestehen können. Man sinnet also
auf allerley Plane, wodurch die Sache so
süß als möglich vorgestellet wird. Daher
entsprungen alle die schöne Erfindungen,
wodurch man dem gemeinen Manne weiß
machen wollte, er könne mit der geringsten
Einlage, welche ihm in seiner täglichen

Nahrung

Nahrung keinen Schaden verursachte, sehr
große Summen gewinnen. Was thut die
Liebe zum Gewinnste, die Begierde reich zu
werden, nicht? Mit etlichen Kreutzern, et=
liche hundert, ja etliche tausend Gulden
gewinnen zu können —— was für eine
Reitzung für den Handwerksmann! Er
denket, dieses wenige kann ich wohl daran
wagen, so viel hätte ich vielleicht heute für
Wein ausgegeben; dieses will ich für ei=
nen Tag unterlassen; Er setzt also in die
Lotterie. So denkt der andere und der
dritte auch, und endlich haben bey nahe al=
le Bürger eingelegt. Wollen sie es nicht
thun, so sind mir Beyspiele bekannt, da
sie genöthiget wurden, Loose von der vom
Staate privilegirten Lotterie anzunehmen.

Nun ist die Frage, was dieses Ge=
schäfte für Nutzen nach sich ziehen kann?
Was einzelne Privatpersonen betrift, so
will ich von solchen weiter hinaus reden.
Jetzt ist die Frage vom Staate überhaupt,
und da wird es vornehmlich darauf an=
kommen, daß man zeiget, ob man auf
diese Art von Errichtung der Lotterien
etwas gewinnen könne oder nicht? Die
Antwort aber ist aus dem, was ich schon

gemeldet

gemeldet habe, leicht zu geben. Wo das
Land voll Menschen ist; wo diese Menschen
im Stande sind, durch die blühende Handlung und den Umlauf des Geldes täglich
etwas zu gewinnen; wo nur ohngefähr der
zehnte Theil der Einwohner freywillig in
solche Glücks-Spiele setzet; wo die Ein-
künfte davon zum Wohl der bürgerlichen
Gesellschaft verwendet werden, daß also in
so ferne jeder Bürger wieder seinen Antheil davon ziehet: da sind die Lotterien
nicht allein ein erlaubtes, sondern auch
sehr dienliches Mittel, den Nutzen des
Staates zu befördern. Befinden sich diese
Umstände nicht dabey, so sind sie nicht
allein unnützlich, sondern auch schädlich.

Ein jeder Staat, welcher genöthiget
ist, zu jeder besondern Ausgabe neue Mittel,
Geld einzutreiben, zu erfinnen, lieget schon
an der Auszehrung krank; ist er nun genöthiget, sich, an statt der ordentlichen
Aerzte, weil ihre Kur zu langsam gehet,
Marktschreyern und Quacksalbern anzuvertrauen, und ihre Pulver und Tinctu-
ren für Panaceen anzunehmen, so wird er
gewiß um etliche Jahre früher zu Grabe
befördert. Und doch ist dieses wirklich das
Schicksal

Schicksal derjenigen, welche sich auf die von mir Gleichnißweise angeführte Art verhalten. Auch bey vielen Regierungen will man nicht einsehen, ehe man es mit Schaden gewahr wird, was für unersetzlichen Verlust man leide, wenn man sich, um eines, manchmal nur eingebildeten Schaden, geschwind zu heilen, den Händen des ersten des besten Projektmachers anvertrauet.

Wo auf diese Art in einem kleinen Staate solche Lotterien errichtet werden, da bedienet man sich aller möglichen Künste, die Leute anzulocken, ihr Geld zu wagen, weil bey der geringen Anzahl der Einwohner sich sonst nur wenige Mitspieler finden würden. Da eröfnet man einen ganzen Narrheiten-Kasten voll schöner Spielwerke, und zeiget dem gemeinen Manne seiner Einbildung nach ganz unwiedersprechlich, mit wie weniger Mühe und Kosten er auf einmal glücklich und reich werden könne. Nunmehr raffet der Handwerksmann und der Bauer alle seine Haabseligkeiten zusammen, und eilet, was er kann, dieselbige in die Lotterie-Kasse zu bringen. Allein, er gewinnet nicht, und sein Geld

ist

ist verloren; was soll er nun thun? Soll
er diesen Verlust so leicht verschmerzen?
Nein, er will es noch einmal wagen. Seine Hofnung ist wieder vergebens.   Er waget es noch ein, zwey, dreymal, mit glei-
chem Erfolge; bis er endlich nichts mehr
zu wagen hat , und gänzlich verarmet ist.
Aber alsdenn ist er auch nicht mehr im
Stande , dem Staate die ordentliche Abgaben zu bezahlen ,   und weiter seine Nahrung zu suchen; und der Staat verlieret
einen Bürger, welcher ihm noch lange Jahre hätte nützlich seyn können ,   wenn er
nicht in die Lotterie gesetzt hätte.

Man kann mir hier nicht entgegen
setzen, es sey der freye Wille solcher Leute
ihr Geld zu wagen, und sie würden nicht
dazu gezwungen. Es ist wahr, man zwinget sie nicht, aber man stellet ihnen so süße,
so schmeichelhafte Anreitzungen vor Augen,   .
daß sie fast nothwendig dadurch verführet
werden müssen.   Wer kennet die Schwäche
des menschlichen Herzens, und die Stärke der Begierde zum Gelde nicht? Solche
Leute, von denen ich rede, besitzen die benöthigte Einsicht nicht, das Wahre von
dem Falschen zu unterscheiden.   Warum
                              - also

also suchet man sie durch den falschen
Schimmer so vieler reißender Vorstellungen zu blenden? Geschiehet es nicht in
der Absicht, sie auf eine verdeckte Art zu
überreden, daß sie ihr Geld wagen und
verlieren sollen? Denn gewiß war es niemals die Absicht einer Lotterie, große
Summen gewinnen zu lassen. Man trach-
tet also offenbar darnach, sie in Schaden
zu bringen. In einem wohl eingerichteten Staate aber sollte man allezeit dahin
trachten, den Unterthanen alle Gelegenheiten, wodurch sie sich selbst in Schaden
stürzen können, zu benehmen, an statt ihnen durch die Lotterien solche zu verschaffen. Ja! wenn man die Loose auf einen
so hohen Preis setzte, daß nur reiche Leute
solche bezahlen könnten, so könnte man noch
etwas zu ihrer Vertheidigung sagen, weil
der unbemittelte Bürger und Landmann
alsdenn von selbst davon ausgeschlossen wäre; allein, da man durch die geringe Einlage auch den Aermsten Gelegenheit dazu
machet, was ist dieses anders, als mit allem Vorbedachte dahin zu trachten, wie
man sie um ihr Geld bringen möge.

Nun frage ich, welches ist einem Staate nützlicher, durch das Mittel eines Lotto, auf einmal vielleicht zwanzigtausend Gulden in die Schatzkammer zu bekommen, und dafür zehntausend Bürger ruiniren zu lassen, und an den Bettelstab zu bringen; oder diesen die Gelegenheit zu benehmen, aus Begierde zum Gewinn, ihr Vermögen unnütz zu verschwenden, wovon sie noch lange Jahre dem Staate ihre ordentliche Abgaben hätten bezahlen können, deren er nunmehr entbehren muß, weil sie Bettler sind? Ich glaube nicht, daß es einen Menschen in der Welt giebt, welcher das erstere behaupten sollte. Ist nun das letztere, wie es wirklich ist, so sollte man in allen Staaten, wo man für das Wohl der Unterthanen besorget ist, und die sich nicht in den oben von mir angeführten Umständen befinden, die Lotterien, und noch mehr, die neuerfundne Lottos, als eine Pest für die bürgerliche Gesellschaft ansehen, durch welche endlich selbst der ganze Staats-Körper angegriffen wird, und in gefährliche Zückungen geräth.

Man setze einmal, ein kleiner Staat
habe fünfzigtausend Bürger, und die ordentliche Abgaben derselben, einen in den
andern gerechnet, belaufen sich jährlich auf
zweymalhunderttausend Thaler. Man
nehme ferner einen Staat an, welcher
zweymalhunderttausend Unterthanen in sich
hält, und rechne ihre ordentliche Abgabe
nach obigem Verhältnisse. Welcher wird
nun am meisten verlieren, wenn zehntausend von seinen Unterthanen ausser Stand
gesetzt werden, ihre Abgaben zu bezahlen?
Gewiß der kleine. Denn wo viele Einwohner sind, ist viel Gewerbe, wo viel Gewerbe ist, gehet das Geld aus einer Hand in
die andere. Wo man täglich Gelegenheit
hat, wieder Geld zu erwerben, kann ein
kleiner Verlust demjenigen, welcher ar-
beiten will, nicht arm machen; folglich ——
doch ich vergesse mich, wir wollen bey den
Lotterien bleiben, ich rede nicht von der
Staatskunst.

Es ist vielleicht jetzt die unbequemste
Zeit, sich über diese Materie heraus zu lassen. Denn man richtet sich nach der Mode, und die Lotteriesucht ist jetzt eben so
sehr Mode, als die von unsern Nachbarn
entlehn-

entlehnten thörichten Kleidermoden. Gegen
diese sind schon an verschiednen Orten sehr gute Anstalten gemacht worden; sollte man
nicht auch der verderblichen Lotterie-Mode
abzuhelfen bedacht seyn? Ich weiß es wohl,
alle die Vorsteher der neuen Lotti werden
mich mit keinen günstigen Augen ansehen;
aber ein patriotisch gesinnter Bürger. ——
was sage ich? ein jeder gutdenkender
Mensch —— ist verpflichtet, so viel an ihm
ist, dasjenige aus dem Wege zu räumen,
und zu verhindern, was der ganzen Gesellschaft schaden kann.

Dieses bringet mich ganz natürlich
auf den Gedanken, da ich oben von dem
Nutzen und Schaden der Lotterien in Ansehung des Staates geredet habe, auch etwas von ihrem Nutzen und Schaden in Ansehung der Gesellschaft überhaupt zu erweh-
nen, ehe ich auf einzelne Personen komme.
Was schadet dieses der Gesellschaft im Ganzen betrachtet, wird man mir vielleicht ein-
werfen, wenn sich einige Thoren unter der-
selbigen befinden, welche ihr Geld einem
eingebildeten und in lauter Hirngespinsten
bestehenden Gewinne, nachwerfen, und
was leiden andre Vernünftigere für Schaden

den dadurch, wenn sie solches verlieren? Ich antworte, sie leiden sehr großen Scha-den; denn die Gesellschaft überhaupt ver-lieret einige Mitglieder, welche noch lange Jahre das Ihrige zum Nutzen derselben hätten beytragen können. Wo der Staat zehn Unterthanen verlieret, welche ihre Ab-gaben nicht mehr bezahlen können, und den-noch die vorige Ausgaben bestreiten solle, da ist es richtig, daß die übrige die Aufla-gen dieser zehn unter sich vertheilen, und also ihre vorherige Auflage um so viel ver-mehret werden müsse. Wer leidet also den Schaden, als die ganze übrige Gesellschaft, da indessen Fremde den Gewinn in ihrem Beutel stecken? Ich habe zum Beyspiel nur von zehn geredet, aber wie viele tausende sind nicht, auch in ganz kleinen Staaten, durch die Lotterien zu Grunde gerichtet worden! Haben sie freywillig ihr Verder-ben verursachet, so sind sie strafwürdig; sind sie aber durch falsche Vorspiegelungen, und Lockungen dazu verführet worden, de-ren Betrüglichkeit sie bey der Schwäche ih-res Verstandes nicht einsehen konnten, so sind diejenige strafwürdig, welche sie zu verführen gesucht haben. Und in beeden Fällen bleibet der Schade für die Gesell-

C   schaft

schaft einerley, und die Lotterien haben die Gelegenheit dazu an die Hand gegeben.

Wenn die Lotterien in einem Lande häufig auf einander folgen und sich gut im Stande erhalten, so ist solches ein Zeichen, daß entweder ein großer Ueberfluß von Gelde oder ein großer Mangel desselben herrschet. Wo das erstere ist —— aber wenig finden sich dergleichen Staaten —— habe ich nichts wider die Lotterien einzuwenden. Es ist gleichviel, in welchen Händen sich das Geld befindet, weil es doch immer wieder aus der einen in die andre gehet. Und bey einer großen Menge Menschen, und einem großen Ueberflusse an Geld in einem Lande, wird so leicht keiner verarmen. Wenn er auch einen ansehnlichen Theil seines Vermögens in der Lotterie verlieren sollte, so findet er so gleich Mittel, eben so viel wieder verdienen zu können. Zudem suchet man bey solcher Beschaffenheit niemand durch allerley künstliche Erfindungen zur Einlage zu verführen, oder gar zu zwingen. Man leget einen Plan vor, der Staat stehet für die Sicherheit des Geldes. Es finden sich bey dem herrschenden Ueberflusse genug reiche Leute,

Leute, welche ihr Geld wagen. Man darf
also auf keine künstliche Erfindungen bedacht
seyn, die Leute anzulocken; die Gewinnste
werden, so wie der Preis der Loose, erhö-
het, und dem Geringern wird dadurch von
selbst die Begierde zur Einlage benommen.

Aber in einem Staate, wo so wohl an
Menschen als an Geld Mangel ist, bestre-
bet man sich beständig nach Mitteln, dem
letztern abzuhelfen. Man ergreifet alle
Vorschläge begierig, welche den Schein
einer Möglichkeit haben, geschwinde eine
etwas beträchtliche Summe in die Schatzkammer zu bringen. Man siehet nur auf
den gegenwärtigen Gewinn, und nicht auf
den zukünftigen gewissen und unwiederbringlichen Schaden. Die Lotterien sind
nicht das letzte Mittel. Der Entrepreneur
erbiethet sich, gegen der Freyheit, eine Lotterie anzurichten, so und so viel baares Geld
zu liefern. Er erhält diese Freyheit. Bey
dem Mangel an Volk und am Gelde muß
er auf Mittel denken, seine Loose abzuset-
zen. Er ersinnet daher allerhand künstliche Plans. Man giebe zum Beyspiele vor,
es sey die Lotterie so vortheilhaft eingerichtet, daß man mit zehn Kreuzern tausend

Gulden

Gulden gewinnen könne. Der Herr En-
treprenneur hat zwar schon dafür gesorget,
daß solches so leicht nicht geschehen wird;
Unterdessen ist dieses doch eine Reizung für
den gemeinen Mann. Knechte und Mägde,
alles eilet seine zehn Kreuzer zu bringen.
Man verlieret ein, zweymal, man setzet
noch, um den Verlust wieder einzubringen,
bis nichts mehr übrig ist. Wenn nun auch
alles gut gehet; wenn die versprochne
Summe auch richtig in die Schatzkammer
geliefert wird: so hat der Staat hingegen
eine Menge Unterthanen verloren, welche
an den Bettelstab gebracht worden sind,
und dadurch einen unersetzlichen Schaden
verursachen. Mit einem Worte, es sind
Palliativ-Kuren, nach welchen die Krank-
heit wieder mit verdoppelter Heftigkeit aus-
bricht; und weil die Abgaben doch nicht
verringert werden, so sind die übriggeblie-
bene genöthiget, diejenige Summen, welche zuvor von denen, welche ruiniret worden sind, bezahlet wurden, unter sich zu
vertheilen, und ihre Last wird dadurch
vergrössert.

Ein jeder urtheile nun, was er will.
Meine Absicht ist nicht, jemand aus Vor-

urtheil

urtheil zu befriedigen, sondern nur die Sache in ihrem wahren Lichte vorzustellen.
Was ich gesagt habe, muß man nur als
vorläufige allgemeine Anmerkungen ansehen, welchen ich nachgehends noch einige
besondere Betrachtungen beyfügen werde.
Ich bitte mir also aus, kein entscheiden-
des Urtheil von meinen Gedanken zu fällen,
als bis man mich wird völlig gehöret haben. Nunmehr ist mir noch übrig, etwas
von dem Nutzen und Schaden der Lotterien,
in Ansehung einzelner Privatpersonen zu
sagen.

Hier eröfnet sich mir eine so betrübte
Aussicht; hier sehe ich, wenn ich der Folgen der Lotterien betrachte, eine so traurige Scene, — daß ich nicht weiß, ob
ich nicht lieber den Vorhang wieder zuzie-
hen solle — zu Betrügern gewordene ehrliche Leute — eine durch Verführung in
das äusserste Elend gerathene, sonst wohl
geartete Jugend — durch falsche Ret-
zungen verführte Unschuld — zuvor ver-
gnügte, nun aber getrennte Ehen —
Was für traurige Vorstellungen! Denn ohngeachtet ist es die Wahrheit, daß alle diese
betrübte Wirkungen im Privat-Stande,

durch

durch die allzuunumschränkte Freyheit der
Lotterien verursachet worden sind.   O!
was für ein höhnisches Gelächter wird mancher Lotterie-Liebhaber hier ausbrechen lassen! Gut! meine Herren! Ich will ihnen das, was ich gesagt habe, durch
Beyspiele beweisen;   und seyn sie versichert, daß dem einzigen Beyspiele, welches
ich in der Wahrheit gegründet, anführen
werde, viele hundert andre ähnlich sind.
Wollen sie es nicht glauben, wohl! so betrachten sie sich im Spiegel, und denken
dabey: Heute an dir, morgen an mir.
Also zum Beweise, daß ich nichts übertrieben habe, sehen sie hier die wahrhafte Beyspiele von dem, was ich gesagt habe.

Etliche zu Betrügern gewordene Leute
waren das erste.   Sir Bount, ein reicher Handelsmann in London, hatte bey nahe dreyßig Jahre sein Ansehen, als einer
der vornehmsten Handelsleute behauptet.
Nie hatte man einen redlichern und unei-
gennützigern Kaufmann gesehen.   Aus allen angesehenen Städten Englands bemü-
hete man sich um die Wette, Geld in seiner Handlung anzubringen; und der ehrliche Sir Bount machte sich ein wahres Vergnügen

gnügen daraus, mit diesem Gelde mit eben
so grossem Eifer, als wie mit dem Seinigen zu handeln, und jedem seinen erworbe-
nen Gewinn mit der grösten Redlichkeit zu
bezahlen. Ohne mich länger mit besondern
Umständen aufzuhalten, will ich nur sagen,
daß Sir Bount die Bewunderung und
das aufrichtige Lob von ganz England verdiente. Nicht eine Seele dachte daran,
daß sich ein so wohlgegründetes Glück in
kurzer Zeit so sehr verändern könnte, als
es wirklich durch Hülse der Lotterie geschah.

Sir Bount saß eines Abends und
dachte nach, wie er dem einem seiner Freunde, durch seine Unvorsichtigkeit, verursachten Verlust, ohne diesem Freunde Kummer
zu verursachen, verbergen, oder ihm wieder ersetzen könnte, als Sir West, ein
alter Bekannter von ihm, zu ihm in das
Zimmer trat. Dieser war ebenfalls ein
Handelsmann, und wurde zum wenigsten
für eben so reich gehalten, als Sir Bount
selber; allein, es fehlete viel, daß er dessen Redlichkeit besaß. Er fragte nach der
Ursache seiner Tiefsinnigkeit, und Bount
eröfnete ihm den erlittenen Verlust, und

C 4 daß

daß er auf Mittel dächte, wie er denselben wieder ersetzen könnte, ohne daß sein
Freund etwas davon erführe. Mich nimmt
Wunder, sagte West, daß sie sich über eine so leichte Sache den Kopf zerbrechen.
Warum setzen sie nicht in die Lotterie? Sie
können auf einmal nicht allein das Verlor-
ne, sondern noch ein Ansehnliches dazu gewinnen. Ich selbst habe bey der letzten
Ziehung eine Summe von zehntausend
Pfunden gewonnen. Es ist kein sicherer
Weg glücklich zu werden. Bount hatte
zwar nie keine vortheilhafte Gedanken von Lotterien geheget; allein, die gegenwärtige
Umstände, das Zureden des Herrn Wests,
und die reizende Vorstellungen, welche
ihm dieser von der Leichtigkeit, sein Glück
zu machen, vormalete, bewegten ihn, eine beträchtliche Summe zu wagen. West
hatte seine Ursachen, alle Mühe anzuwen-
den, ihn dazu zu bereden; denn er war
selbst einer von den Vorstehern der Lotterie; aber der Herr Bount wußte dieses
nicht.

Der Herr Bount verlor seine Einla-
ge. Der Verlust war doppelt, und seine
Bekümmerniß vergrößerte sich. Er suchte
Trost

Trost bey seinem vermeinten Freunde. Man
kann sich den Rath eines Lotterie-Vorste-
hers leicht vorstellen. West rieth ihm,
sein Glück noch einmal zu versuchen. Er
ließ sich bereden, und wagte es das zweytemal; aber er gewann wieder nichts.
Nun war er fest entschlossen, von der Lotterie abzustehen; aber er hatte nunmehr
schon so viel verloren; der Verlust seines
Freundes war, seinem Vorsatze nach, noch
nicht ersetzet; die Summen, welche er selbst
gewaget hatte, beunruhigten ihn. Er
suchte Trost bey dem Herrn West, und
dieser wendete alle mögliche Beredsamkeit
an, ihn zu fernerer Einlage zu bereden.
Bount folgte seinem Einrathen, wagte die
nehmliche Summe, und verlor sie zum
drittenmale.

Ein so starker Verlust mußte den
unglücklichen Bount nothwendiger Weise
sehr schmerzen. Er verlor alle Geduld, und
ließ gegen dem Herrn West die bitterste
Klagen über sein Ungück aus. Dieser trö-
stete ihn, so gut er konnte. Er stellete ihm die
Aufrichtigkeit der Lotterie Innhaber; die
Möglichkeit einen ansehnlichen Gewinn zu
erhalten; die viele große Gewinnste, wel-

che

ehe gezogen worden waren; die Leichtigkeit,
bey seinem großen Vermögen nachzusetzen,
und mit einem Worte, er wendete alle Beredsamkeit an, den armen Bount zu bereden, daß er nachsetzen sollte. Er that es,
und verlor, so wie die vorhergehendemale.
Nun war er schon zu weit in diese Angelegenheit verwickelt, als daß er hätte nachlaß-
sen sollen. Er entschloß sich fortzusetzen,
und durch unablässiges Anhalten endlich
doch noch einen ansehnlichen Gewinn zu erhalten. Er betrog sich. Drey, vier, fünf-
mal hielt er es noch aus; aber da er beständig Nielen erhielt, so fanden sich endlich auch in seiner Handlung dergleichen,
und an statt, daß er den redlichen Vorsatz
gehabt hatte, seinem Freunde mit seinem
Vermögen wieder aufzuhelfen, fand er sich
nun in den betrübten Zustand versetzet,
selbst Geld aufzunehmen, um nur die In-
teressen von dem ihm anvertrauten Gelde
bezahlen zu können.

Ohne dieses zu wissen, meldete sich
einer von seinen Freunden nach dem andern bey ihm, um ihre hinterlegte Gelder
wieder abzulangen. Einer hatte sich ver-
heurathet, ein andrer hatte Gelegenheit,
                                        eine

eine eigne Handlung zu errichten, der drit=
te wollte eine Reise nach WeſtJndien ma=
chen, u. ſ. w. Kurz, der redliche Bount
ſah ſich genöthiget, das ihm anvertraute
Geld wieder auszubezahlen, und beym
Schluſſe der Rechnung fand er, daß ihm
durch ſeine thörichte Lotterieſucht nicht mehr
ſo viel übrig blieb, ſeine Handlung fortführen
zu können. Was für ein Donnerſchlag für
den redlichen Bount.

Er eilete zu ſeinem vermeinten Freun=
de, und klagte ihm die Noth, in welcher
er wirklich ſteckte. Weſt lachte dazu. Nichts
iſt leichter, ſagte er, als ihnen aus ihrer
Verwirrung zu helfen. Nehmen ſie Antheil
an unſerer Lotterie. Zweytauſend Pfunde
können Sie von unſerm Glücke theilhaf=
tig machen. Geben ſie uns ſolche, ſo ſind
ſie gerettet.

Bount hatte nicht viel mehr übrig.
Wozu treibet die Verzweiflung an ſeinem
Glücke nicht? Er entſchoß ſich dieſen Vor=
ſchlag anzunehmen. Er brachte alle ſeine
Rechnungen in Richtigkeit, bezahlte alle
diejenige, welche ihm Geld anvertrauet
hatten, und eilete mit dem Ueberreſte zu der
Lotterie, in Hofnung ſeinen Verluſt zehn=
fach

sach wieder ersetzet zu sehen. Es währete
nicht lange, so machte sich der Herr West
unsichtbar, und setzte die Lotterie in einen
Schaden von zwanzigtausend Pfunden.
Herr Bount mußte seinen Antheil daran
tragen, und behielt also fast nichts mehr
übrig. Er verfluchte seine Unbedachtsam-
keit, er verfluchte seinen falschen vermeinten Freund, er verfluchte alle Lotterien;
aber was half alles dieses, man mußte
auf Mittel bedacht seyn, dem Uebel wieder
abzuhelffen.

So ehrlich Herr Bount vorher gewesen war, so ein großer Betrüger wurde er
nachher. Er sah es wohl ein, —— und sollte
ein so großer Handelsmann es nicht einge-
sehen haben —— daß man bey den Lotterien ohnmöglich etwas gewinnen könnte,
ohne andre des Ihrigen zu berauben. Es
kostet nichts mehr als den ersten Schritt.
Bount suchte seinen Reichthum wieder zu
erhaschen. Er bekümmerte sich nicht mehr,
weder um seine vorhergehende Redlichkeit,
noch um das, was er seinen Nebenbür-
gern schuldig war. Es regnete gleichsam
Geld bey ihm; und es gieng auch bey ihm
nach dem alten Sprüchworte: Gut
                                    macht

macht Muth; Muth macht Ueber=
muth; Uebermuth thut selten gut. Ge=
nug; Herr Bount brachte durch unerlaubte
Mittel, durch Hinterhaltung der gewon=
nenen Loose, durch Verhandlung dererjeni=
gen, von welchen er wohl wußte, daß sie nie=
mals würden gezogen werden, durch kluge
Eintheilung des Gewinnes so viel zusam=
men, daß er glaubte, mit seinem erwor=
benen Vermögen unter jeder Himmels=Ge=
gend angenehm leben zu können, und, ehe
man es sich versah, war Herr Bount
unsichtbar. Man erfuhr seine Abwesenheit
nicht eher, als bis sich die von ihm betrog=
ne Gläubiger meldeten, und überhaupt
eine Anforderung von fünfzigtausend Pfun=
den an ihn machten. Seit dieser Zeit hat
man nichts von ihm erfahren können, als
daß er nach Ost=Indien gegangen ist.

Bount würde allezeit ein ehrlicher
Mann geblieben seyn, wenn es keine Lot=
terie gegeben hätte. Die Absicht, welche
er bey der ersten Einlage hatte, war löb=
lich, und zeigte sein gutes Herz an;
aber wie schwach ist nicht unser Herz!
Wie wenig bleiben wir Meister von uns
selbst, wenn wir durch die Begierde zu ei=
nem

nem anscheinenden Gewinn angetrieben
werden! Bcount zeiget, wie leicht der ehr-
lichste Mann ein Betrüger werden kann,
wenn er nicht mit der äussersten Sorgfalt
auf seiner Hut stehet. Es gieng ihm,
wie die Frau Deshoulieres vom Spiel
saget: On commence par etre trompé,
et l'on finit par etre trompeure. Man
sage nicht, es seye Bounts eigne Schuld
gewesen, und er hätte sich von dem betrü-
gerischen West nicht sollen verführen lassen. Diejenige, welche so sprechen, haben
vielleicht am meisten Ursache, die sechste
Bitte des Vater unsers, fleißig zu wiederholen. Die Versuchung war groß, die
Anlockung stark, und West einer von denen Leuten, welche bey Lotterien nothwendig sind, andre mit falschen Vorspiegelungen zu verführen; dieses alles ist richtig;
aber ohne die Lotterie würde er keine Gelegenheit gefunden haben, seine Betrügerey auszuführen, und Bount würde ein
ehelicher Mann geblieben seyn.

Wir wollen weiter gehen. Le Fevre,
ein großer Banquier zu Paris, hatte einen
Sohn, welchen er gleichfalls der Handlung
widmete. Er hatte nichts gesparet, was
die nlich

dienlich seyn könnte, demselben eine gute
Erziehung zu verschaffen, und der junge
Le Fevre, welcher neben einem fähigen
Kopfe das beste Herz besaß, machte sei=
nem zärtlichen Vater die gegründete Hof=
nung, mit der Zeit der Trost und die
Freude seines Alters zu seyn. Als er acht=
zehn Jahre alt war, schickte ihn sein Vater
nach Bourdeaux, zu einem seiner Freunde,
um sich auch in einer fremden Handlung
ein paar Jahre umzusehen. Hier machte
er sich durch seine Geschicklichkeit und seine
einnehmende Manieren bey jedermann an=
genehm. Man vertrauete ihm die wichtig=
ste Geschäfte an, und in der ganzen Stadt
schätzte man ihn hoch, und begegnete ihm
mit ausserordentlicher Hochachtung. Sein
vergnügter Vater empfieng die Lobeserhe=
bungen, welche man ihm beylegte, mit Ent=
zücken, und lobte den Himmel, daß er
ihm einen so vollkommenen Sohn gegeben
hatte. Aber wie geschwind können sich
nicht die gröste Vergnügungen der Sterbli=
chen in einen beissenden Verdruß verwan=
deln!

Zum Unglück für den jungen Le Fe=
vre wurde eben dazumal in Bourdeaux
eine

eine Lotterie errichtet, und sein Patron
nahm nach der Mode, doch nicht ohne sei=
nen versprochnen Gewinn, eine Collecte
davon auf sich. Ich kann mich hier nicht
entbrechen zu sagen, ob wir gleich in un=
serm Deutschlande noch nicht viele derglei=
chen Beyspiele haben, daß es mir als et=
was erniedrigendes vorkömmt, wenn sich
ein großer Handelsmann so weit herab läs=
set, auch noch mit Lotterien einen Neben=
gewinn zu suchen. Genug, des jungen Le
Fevre sein Patron that dieses, und da
er ein vollkommenes Zutrauen in ihn setzte,
so überließ er ihm auch alles, was seine ü=
bernommene Lotterie=Collecte betraf. Sô
verständig, so einsichtsvoll dieser junge
Mensch auch sonst in andern Handlungs=
Geschäften war, so wurde er doch durch
die Begierde zum Gewinnste gereitzet, als
er sah, daß verschiedene von seinen ausge=
gebnen Loosen glücklich entschlugen. Er
entschloß sich sein Heil ebenfalls zu versu=
chen, und nahm eine gute Anzahl Loose.

Nun war der Anfang zu seinem Ver=
derben gemacht. Es fielen verschiedne kleine
Gewinnste auf seine Numern, und in
Hofnung eines Hauptgewinnstes setzte er sich
vor,

vor, sein Glück weiter zu treiben. Da er
beständig eine große Menge Loose in Händen hatte, so versah er sich zu jeder Ziehung mit einer guten Anzahl derselben für
seine Rechnung. Das Glück war seinen
Aufschlägen nicht günstig. Gegen einem
kleinen Gewinnste, welchen er erhielt, verlor er die Einlage von zwanzig andern Loosen. Der Verlust machte ihn erhitzt, er
wollte das Glück zwingen, und verdoppel-
te die Zahl seiner Loose beständig. Da er
nicht genöthiget war, solche mit baarem
Gelde zu bezahlen, sondern dieselbe immer
nur in seinem Buche auf seine Rechnung
schrieb, so wurde er durch den Verlust nicht
sehr empfindlich gerühret, und fuhr immer
fort neue Loose für sich zu nehmen. Endlich kam die Zeit, daß die Vorsteher der
Lotterie seine Rechnung verlangten, und
als er solche ins Reine bringen wollte,
fand er mit Schrecken, daß er der Lotterie
fünfzehntausend Livres schuldig verblieb.

Schaam und Furcht stritten nunmehr
in dem Herzen des jungen Le Fevre. Er
scheuete sich seinen begangnen Fehler zu ge-
stehen, da er bisher bey jedermann in so
großem Ansehen gestanden war; ohngeach-

D   tet

tet es der ſicherſte Weg für ihn geweſen wäre, wenn er ſeine Umſtände ſeinem gütigen
Vater, oder wenigſtens deſſen Freunde,
bey welchem er ſich befand, entdeckt hätte.
Allein, Stolz und Schaam ließen ihm ſol-
ches nicht zu. Unterdeſſen fürchtete er ſich
vor der Verfolgung der Lotterie-Vorſteher,
welche anfiengen mit Heftigkeit auf die
Ablegung ſeiner Rechnung zu dringen.
Nachdem er ſich lange mit ſeinen marternd-
den Gedanken gequälet hatte, ſo faſſete er
endlich den verzweifelten Entſchluß, ſich
heimlich aus dem Staube zu machen. Er
richtete ſolchen auch ins Werk, und ganz
Bourdeaux verwunderte ſich, als man erfuhr, daß dieſer ſo artige, ſo geſchickte,
ſo reiche und von jedermann hochgeſchätzte
junge Menſch heimlich durchgegangen ſey,
und niemand konnte die Urſache errathen,
welche ihn dazu müßte angetrieben haben.
Allein, als man ſeine Rechnung für die
Lotterie unterſuchte, ſo fand ſich dieſelbe.
Sein Vater würde gerne noch einmal ſo
viel für ihn bezahlt haben, wenn er nur
da geblieben wäre. Er ließ allenthalben
nach ihm forſchen, und wendete alle mögliche Mühe an, ihn zu entdecken; doch
konnte er nichts weiter erfahren, als daß

er sich zu Brest auf ein Schiff begeben hat,
te, welches bestimmt war, neue Entde-
ckungen zu machen.

So fiel ein junger, mit allen nöthi-
gen Geschicklichkeiten in der Welt fortzu-
kommen versehner Mensch, der aus einem
guten Hause herstammete, Vermögen genug besaß, der besten Erziehung genossen
hatte, bey jedermann beliebt war ———
dem, mit einem Worte, alle sich in Ansehr
hung seiner vereinigende Umstände das
glänzendste Glück auf die Zukunft zu versprechen schienen. Und wodurch fiel er?
Durch die Gelegenheit, welche die aufge-
richtete Lotterie verschafte, seine Leidenschaften rege zu machen; durch die Gelegenheit, welche er bekam, der einmal rege
gemachten und nicht befriedigten Begierde
immer nachzusehen; durch das verführerische
Beyspiel andrer, welche sich dieser Gelegenheit bedienten; durch die betrügrische
Vorspiegelungen derjenigen, welche um des
Nutzens und Antheils willen, welchen sie
selbst dabey hatten, andre zu ihrem Verderben zu reitzen suchten ——— Und woher
entstanden alle diese unglückliche Folgen ——— aus der Lotterie.

Das-

Dasjenige, was Gelegenheit zum Verderben vieler einzelner Personen in der bürgerlichen Gesellschaft an die Hand giebt, ist, ohngeachtet aller schön scheinenden Vorstellungen, allezeit verderblich und schädlich. Der vorgespiegelte eingebildete Nutzen wieget den Schaden niemals auf, welcher unwiederbringlich daraus entstehet. Man werfe mir nicht ein, daß einzelne Beyspiele nichts beweisen. Es sind viele Bount und viele Le Fevre in der Welt, welche ohne die verführerische Lotterien eheliche Leute würden geblieben seyn. Man glaube auch nicht, daß ich zum Beweise des Schadens, welcher aus den Lotterien unter einzelnen Personen entstehet, nur Kaufleute, oder Leute, welche Lotterie-Gelder unter Händen haben, anführen wolle. Es wird sich ohnehin von den letztern mehrere Gelegenheit weiter unten zu reden ereignen. Nein! diese Reitzung zum Gewinne verursachet noch mehr Unordnungen im gemeinen Leben. Von jeder Gattung ein Beyspiel anzuführen, würde viel zu weitläuftig seyn: denn das Verderben, welches das durch verursachet wird, breitet sich über alle Stände der Menschen aus. Aber doch, damit man sich nicht einbilden möge, als wenn

wenn ich um weitere Beyspiele von andrer
Gattung verlegen wäre, will ich noch fol-
gende anführen. Meine Leser werden die
Gütigkeit haben, sich so lang mit vorläufigen Erfahrungen begnügen zu lassen, bis
ich meine daraus gezogne Anmerkungen und
Schlüsse werde hinzugefüget haben. Vor
jetzt thue ich nichts mehr, als daß ich er-
zehle: Also weiter.

Rivola, ein Mann von gutem Geschlechte in dem Gebiethe der Republik Genua, war durch verschiedne Unglücksfälle
so weit herunter gekommen, daß er das
Ansehen seines Standes nicht mehr behaupten konnte. Er war so gänzlich in Verfall
gerathen, daß er kein Mittel mehr wußte,
sich einiger maßen aufrecht zu erhalten; und
er sah nicht die geringste Gelegenheit, das
Ansehen seines Geschlechts noch ferner fort-
zuführen. Ein Freund von ihm schlug ihm
vor, auf das Land zu ziehen; und zugleich
that er ihm den Antrag, eine artige Wittwe,
welche von gutem bürgerlichen Stande war,
zu heurathen, welche so viele Güter besaß,
als nöthig waren ein gemächliches Leben zu
führen. Rivola war nicht von den thörichten Einbildungen vieler Leute eingenom-

men,

men, daß er sich erniedrigen würde, wenn
er einem mit Golde besetzten Kleide, oder
einem leeren Titel, ein gemächliches und
vergnügtes Leben vorzöge. Er verlangte
aber vorher, die ihm so angenehm beschrieb-
ne Rosalie zu sehen. Sein Herz stimmete mit demjenigen, was man ihm zuvor
gesagt hatte, überein. Er vermählte sich
mit ihr, und erwählte die ruhige Woh-
nung auf dem Lande vor allen eingebildeten Vorzügen eines alten Stammbaums.

Schon drey Jahre lebte Rivola mit
seiner liebsten Rosalia in der vergnüg-
testen Ehe, als endlich sein Vergnügen
durch die Geburt einer Tochter vollkommen
wurde, welche das Ebenbild ihrer Mutter
war Diese zärtliche Eltern spareten keine
Mühe, das Herz ihrer Tochter zur Tugend
zu bilden; und ihre Lehren hatten die er-
wünschteste Wirkung. Die Reitzungen der
jungen Julia entwickelten sich von Jahren
zu Jahren besser, und kaum war sie zwölf
Jahre alt, als sich alle benachbarte Herren
vom Stande für ihre Anbeter erkläreten.
Julia, welche viel zu wohl erzogen war,
als daß sie sich durch Versprechungen oder
Geschenke hätte sollen verführen lassen,

sah alle ihre Schmeicheleyen für so viele
Fallstricke an, welche man ihrer Unschuld
legte, weil sie wußte, daß der Unterschied
des Standes ihr nicht zuließe, eine recht-
mäßige Verbindung mit einem von diesen
Herren zu hoffen. Zudem hatte sie von ihren Eltern einen solchen Geschmack an dem
ruhigen Landleben geerbet, daß sie solches
der prächtigen Lebensart in den Städten
weit vorzog. Indessen blieb doch ihr Herz
nicht ungerührt, und Silvio, ein tugend-
hafter junger Mensch, von ihrem Stande,
aus der Nachbarschaft, war der Gegenstand
ihrer Liebe. Ihre Eltern waren erfreuet ü-
ber ihre Wahl, und dachten nicht daran,
derselben Hindernisse in den Weg zu legen.
Sie erlaubten diesen zwo jungen Personen
gerne, beständig mit einander umzugehen,
und sahen mit Vergnügen, wie ihre bee-
derseitige Leidenschaft täglich zunahm.

Julia glaubte ihrem Glücke am nächsten zu seyn, da sich dieses ohnvermuthet
in das größte Unglück verwandelte, indem
ihre Eltern beede in einer Zeit von acht
Tagen nach einander starben. Sie fiel
nunmehr unter die Gewalt eines Bruders
von ihrer Mutter, der zwar reich, aber

der

der größte Geizhals war, welchen jemals
die Erde getragen hatte. Die gute Julia,
welche in ihr fünfzehntes Jahr gieng,
mußte den größten Kummer bey ihm aus-
stehen, und beständig ermahnete er sie daran
zu gedenken, daß sie von niedrigem Stande entsprossen sey, ein geringes Vermögen
besitze, und sich noch in keine Verbindung
einlassen müßte, bis sich mit der Zeit vielleicht ihre Umstände verbesserten; und aus
dieser Ursache wurde ihr auch aller Umgang
mit ihrem geliebten Silvio abgeschnitten
und verbothen.

Allein, nicht die Vorsorge für das
Pflegkind, sondern der Geitz des Vormun-
des war Schuld daran, daß er auf diese
Art verfuhr. Der Gewinn war ihm angenehm, er mochte kommen, von welcher Seite er wollte. Der Graf von Montalto,
ein reicher und in der umliegenden Gegend sehr angenehmer Herr, hatte sich
schon lange bey ihm darum bemühet, daß
er ihm die Zuneigung seiner Nichte verschaffen sollte, und Fortuni, so hieß er, hatte noch keine Gelegenheit dazu gefunden.
Nun aber glaubte er solche erlanget zu haben, und seine Geldbegierde vergnügen
zu

zu können. Konnte er nur einmal dazu
gelangen, seine Nichte von dem Silvio abzubringen, so zweifelte er nicht, durch die
Schmeicheleyen und Geschenke des Grafen
denselben in ihre Gunst zu setzen, und
auch zugleich ansehnliche Vortheile für sich
zu erhalten.

Der betrübten Julia wurde also aller Umgang mit dem Silvio verbothen;
und hingegen verschafte Fontini dem Grafen täglich Gelegenheit sie zu sehen und zu
sprechen, und lag zugleich seiner Nichte beständig in den Ohren, dessen Ansuchen Ge-
hör zu geben. Die tugendhafte Julia,
welche wohl wußte, daß der Graf nur seine Begierden bey ihr zu befriedigen suchte,
verwarf seine Schmeicheleyen und Geschenke
mit Verachtung, und schwur, daß sie nichts
von der ihrem Silvio gelobten Treue abzubringen vermögend seyn sollte. Der
Graf wurde endlich dieser Aufführung ü-
berdrüßig, und suchte dasjenige auch wider der Julia Willen von ihr zu erhalten,
worein er sie zu willigen durch seine Schmeicheleyen und Geschenke nicht bewegen konnte. Er wendete sich an den Fontini, und
versprach ihm große Summen, wenn er

ihm

ihm Gelegenheit verschaffen würde, einmal
in Juliens Schlafzimmer zu kommen. So
geizig aber Fontini auch sonst war, so ver=
warf er doch diesen Antrag. Er versprach
zwar, den Grafen bey seiner Nichte auf alle
mögliche Art zu unterstützen, um sie zur
Liebe gegen ihn zu bewegen; in seinen
Vorschlag aber wollte er nicht willigen,
weil er sich vor den üblen Folgen, welche
ein solches Unternehmen haben könnte,
fürchtete. In diesem Zustande befand sich
die Sache, als der Graf durch einen un=
vermutheten Zufall seinen Zweck bey dem
schändlichen Fontini erhielt.

Es begab sich von ohngefähr, daß
einer von dessen Nachbarn in dem Lotto Di
Genua einen ansehnlichen Preis gewann.
Voll Freude über sein Glück, suchte er
daßelbe der ganzen Welt bekannt zu ma=
chen, und eilete daher auch zu seinem Nach=
bar Fontini, ihm davon Nachricht zu ge=
ben. So viel Begierde dadurch bey diesem
erreget wurde, sein Vermögen auf eine so ge= .
mächliche Art zu vermehren: so ließ ihm
doch seine Liebe zum Gelde nicht zu, eine
so beträchtliche Summe auf ein Ungewisses
zu wagen, da ihm wohl bekannt war, wie viel
Geld

Geld einige seiner Bekannten auf diese
Art verloren hatten, ohne jemals das
Geringste zu gewinnen. Diesemnach emm
pfand er einen großen Streit in seinem Ge=
müthe zwischen der Begierde zum Gewinn,
und der Furcht, durch diese Gelegenheit
etwas von demjenigen einzubüßen, welches
schon in seinem Kasten in sichrer Verwah=
rung lag. Er entdeckte sein Anliegen sei=
nem glücklichen Nachbar, und versicherte
ihn, daß ihn nur die Furcht, dasjenige,
was er schon besäße, einem noch ungewißen
Glücke aufzuopfern, abhielte, seinem Beyspie=
le zu folgen, wozu er sonsten eine außer=
ordentliche Begierde empfände; und er be=
klagte zugleich seine gegenwärtigen Umstände
und die schlechte Zeiten, welche ihm nicht
erlaubten, einen Theil seines Geldes zu wa=
gen. Mit einem Worte, er bezeigte so
viel Lust in die Lotterie zu legen, und zu=
gleich so viel Angst, die Einlage zu verlie=
ren, daß der andre anfieng über seinem
Geitz zu spotten, und ihn verließ.

Dieser Mann, und des Grafen von
Montalto Kammerdiener waren sehr gu=
te Freunde, und es vergieng kein Tag,
da er nicht von diesem letztern besuchet
wurde,

wurde, und er erzehlte ihm mit Lachen
die ängstliche Sorge des geitzigen Fontini,
sein Geld zu verlieren, und zugleich seine
brennende Begierde, in der Lotterie einen
ansehnlichen Gewinn zu erhalten. Der
Kammerdiener, welcher ohnehin auf alles,
was in des Fontini Haus vorgieng, ein
wachsames Auge haben, und seinem Herrn
davon Bericht abstatten mußte, erzehlete
ihm auch das, was er erst vernommen
hatte. Den Augenblick fiel es dem Grafen ein, sich der Lotterie-Begierde des geld-
begierigen Fontini zu bedienen, und ihn
durch dieses Mittel endlich doch zu Errei-
chung seiner Absichten zu bewegen. Er besaß unermeßliche Reichthümer, und zu Be-
friedigung seiner Begierden schonete er kein
Geld. Er erhandelte sofort hundert Loose,
steckte solche zu sich, und begab sich damit
zu dem Fontini.

Als er sich nach Julien erkundiget
hatte, drehete er die Unterredung auf die
Lotterien; erhub die Vortheile, welche man
mit so geringer Mühe dabey erhalten könnte; erzehlte die Beyspiele von verschiednen
Personen, welche so ansehnliche Summen
gewonnen hätten, daß sie vor ihre ganze
Lebens-

Lebenszeit im Ueberfluße leben könnten;
rühmte, daß er selbst bereits ansehnliche
Gewinnste davon getragen habe, und beschloß endlich damit, daß er wirklich wieder im Begriffe wäre sein Glück zu versuchen, und ermahnete den Fontini ein glei-
ches zu thun. Nach einer vorläufigen weit
ausgedehnten Klage über die schwere Zeiten, und über die Nothwendigkeit, dasjenige Geld, welches man hätte, wohl zu
rathe zu halten, bekennete dieser endlich,
daß er zwar eine heftige Begierde empfände, auf eben die Art, wie so viele andre,
sein Glück zu versuchen, sich aber unmöglich
entschließen könne, einen Theil seines so sauer
erworbnen Vermögens auf einen so ungewißen Vortheil zu wagen.

Wenn es nur darauf ankömmt, ver-
setzte der Graf, so erbiethe ich mich, ihrem
Zweifel abzuhelfen, und ihnen zu zeigen,
wie gern ich ihr Glück befördern will. Sie
müßen mir aber auch in dem Meinigen ver-
helfen. Sie wissen, was ich ihnen schon
oft wegen ihrer schönen Nichte angesonnen
habe, indem sie wohl sehen, daß es auf
keine andre Art möglich ist, diese Eigen-
sinnige von ihrer Neigung zu dem Silvio
abzubringen.

abzubringen. Sie wissen, daß sie mir
mein Ansuchen immer noch abgeschlagen haben, ohngeachtet sie versichert seyn können,
daß, wenn meine Leidenschaft bey der lie-
benswürdigen Julia befriediget wird, so
wohl sie selbst, als die Schöne sich eines beständigen Glückes versehen können. Weil
aber kein andres Mittel ist, meinen Zweck
zu erlangen, so willigen sie in meinen Vorschlag; machen sie mir Gelegenheit bey
Nacht in Juliens Zimmer zu kommen,
und meine Liebe zu befriedigen, so will ich
hingegen ihnen ihr Glück in unserm Lotto
zu machen behülflich seyn, ohne daß es sie
einen Heller kosten solle. Hier sind hundert
Loose, fuhr er fort, indem er solche zugleich
auf den Tisch warf; sie sind zu ihren
Diensten, wenn sie in mein Begehren willigen, und sie müßten unter hunderttausen-
den der einige Unglückliche seyn, wenn sie
nicht bey der so vortheilhaften Einrichtung
des Lotto mit hundert Loosen einen
sehr ansehnlichen Gewinn ziehen sollten. Bedenken sie sich; auf diese Art können sie, ohne
das Geringste zu wagen, auf ihr ganzes Leben glücklich werden, und mich ebenfalls
zum glücklichsten Menschen machen.

Voll

Voll sehnlicher Begierde warf Fontini seine Augen auf die vor ihm liegende Loose. Unter allen vortheilhaften Aussichten, welche ihn der Graf bisher hatte sehen lassen, war ihm noch keine so reißend vorgekommen. Die Furcht, sich durch eine solche Unternehmung um einen Theil seines Vermögens zu bringen, war nun hinweg geräumet, und die Leichtigkeit, einen großen Vortheil zu erlangen, war ihm nun von einer so schmeichelhaften Seite vorgestellet, daß alle Schwierigkeiten, welche ihn zuvor verhindert hatten, den Antrag des Grafens anzunehmen, auf einmal verschwanden. Er verschlang mit seinen Augen die Papierchen, in welchen seiner Einbildung nach ein so ansehnlicher Reichthum für ihn enthalten war. Der Graf las seine Gedanken auf seinem Gesichte, und säumete nicht, ihm noch ferner sein unausbleibliches Glück auf die nachdrücklichste Art vorzustellen. Was soll ich weiter sagen? Der boshafte Fontini verkaufte die Unschuld seiner Nichte dem lasterhaften Grafen, und eilete, dafür die hundert Loose in Sicherheit zu bringen.

So wurde Juliens Unschuld durch die Begierde ihres Vetters, in der Lotterie reich

reich zu werden, verkauft. Aber die beede
Lasterhafte säumeten auch nicht, ihren An-
schlag so fort ins Werk zu setzen. Der
Graf von Montalto wurde durch die Anstalt des geilzigen Fontini in das Zimmer
der unschuldigen tugendhaften Schönen ge-
führet, als sie bereits zu Bette lag. Hier
siegte das Laster über die Tugend. Alle
Thränen, alles Geschrey um Hülfe der leiden-
den Julia konnte die müthende Leidenschaft
des Grafens nicht zurück halten. Er siegte
über ihre Unschuld, und Julia mußte nur
ter der Gewalt erliegen. Der barbarische
Graf warf sich zu ihren Füßen, als er seine Schandthat vollbracht hatte; aber Julia
war nicht aus der Zahl derjenigen Schönen, welche sich so leicht besänftigen lassen;
sie schwur ihm eine ewige Rache, und so
wie der erste Auftritt des Schauspiels traurig angefangen war, mußte es sich auch
traurig endigen.

Der Tag war bereits angebrochen, als
sich der Graf, da er sah, daß er Julien
nicht besänftigen konnte, wieder nach
Haus begab. Zum Unglück sah ihn Silvio von ihr heraus kommen — Dieser
unglückliche Liebhaber hatte seit der Zeit,

da

da ihm aller Zugang zu Julien abgeschnitten war, seine meiste Zeit damit zugebracht,
genau zu beobachten, wer zu ihr käme,
weil ihn die Liebe eifersüchtig machte, und
er sich einbildete, Julia seye ihm ungetreu
worden, weil sie ihm gar nicht die geringste Nachricht von sich zukommen liesse. Er
schwärmete daher eben vor ihrer Thüre herum, als der Graf heraus kam. Dieser
Anblick bestärkte ihn in seinem Argwohn,
und er zweifelte nicht daran, er habe die
Nacht bey Julien zugebracht. Ha! Un-
getreue, rief er, war dieses die Ursache,
daß mir aller Umgang mit dir verboten
wurde? Suchtest du auf solche Art deine lasterhafte Aufführung zu verbergen? Er entschloß sich sogleich, ihr ihre Untreue zu ver-
weisen, und auf ewig Abschied von ihr zu
nehmen. Der Graf hatte die Thüre offen
gelassen; ohne zu überlegen, was er that,
gieng er hinein, und lief gerades Weges
nach Juliens Kammer.

Was für ein Anblick! Julia lag auf
der Erde, wo sie sich mit allen Zeichen der
Verzweiflung die Haare ausraufte, und das
Gesicht zerkratzte. Silvio, über diesen un-
vermutheten Auftritt ganz erstaunt, vergaß

E   der

der Vorwürfe, welche er sich ihr zu machen
vorgenommen hatte, und von seiner Liebe
angetrieben suchte er sie aufzuheben und zu
besänftigen.   Julia sah ihn mit wilden
Blicken an — Was willst du hier, Eleo-
ver, sagte sie zu ihm: kömmst du, deine
Freude über meine Schande zu bezeugen?
Silvio, der diese Worte nicht verstand,
fieng an zu glauben, sie müßte ihre Ver-
nunft verloren haben, er hub sie auf, und
legte sie auf ihr Bette, wo er alles anwen-
dete, sie zu beruhigen, und sie inständig
bat, ihm zu berichten, was sie zu diesem
verzweifelten Verfahren antrieb. Ach! ich
Unglückliche! sagte sie, ich bin entehret,
verloren, und in der Heftigkeit ihrer Verzweiflung erzählete sie ihm, was sich mit
dem Grafen und ihr zugetragen hätte, und
beschwur ihn, sie zu rächen.

Silvio hatte dieser Erinnerung nicht
nöthig.   Er schwur dem Grafen den Tod;
und kaum hatte er Julien durch seine Lieb-
kosungen ein wenig besänftiget, als er von
ihr hinweg eilete, seine Rache zu vollziehen.
Er begab sich nach dem Schlosse des Grafen,
und sah ihn in tiefen Gedanken, in einem
einsamen Gebüsche vor demselben, ganz allein

lein spazieren gehen. Silvio näherte sich
ihm. Kennest du, sagte er, den Liebhaber
der Julia? Ich komme, dich wegen deiner verübten Schandthat zu bestrafen.
Kaum hatte er diese Worte gesagt, als er
ihm mit einem Pistolschusse den Kopf zer-
schmetterte. Nach dieser schrecklichen Ver-
richtung eilete er, sich aus dem Staube zu
machen. Er flüchtete sich über das Gebir-
ge, nachdem er zuvor folgender maßen an
Julien geschrieben hatte:

„Ich habe Sie und mich gerochen,
„anbetenswürdige Julia, und den nichts-
„würdigen Grafen des Lebens beraubet.
„Bekümmern Sie sich nicht mehr über ei-
„nen Zufall, an welchem Sie ganz unschul-
„dig sind. Er soll ein unverletzliches Ge-
„heimniß bleiben, da niemand davon re-
„den kann, als Sie und ich. Erhalten
„Sie mir ihre Liebe, bis es der Himmel
„füget, daß ich Sie wieder sehen kann,
„weil ich vorjetzt genöthiget bin, mich zu
„meiner Sicherheit zu entfernen.„

Julia erfreuete sich, daß sie an dem
Grafen gerochen war, faßte aber zugleich
den Schluß, der Welt völlig abzusagen, und
sich in ein Kloster zu begeben. Sie entdeck-

ze diesen Vorsatz dem Fontini, welchen sie
gar nicht im Verdacht hatte, daß er zu dem
Unternehmen des Grafen geholfen hätte.
Dieser war erfreut darüber.   Des Grafen
Tod war überall bekannt, und die Flucht
des Silvio ließ ihn nicht zweifeln, derselbe seye der Thäter.   Er war in beständi-
ger Furcht, sein schändlicher Handel mit
dem Grafen möchte entdecket werden, und
sah es daher sehr gerne, daß Julia den
Vorsatz gefasset hatte, ins Kloster zu gehen,
wo, wie er glaubte, diese ganze Sache in
einem ewigen Stillschweigen begraben bleiben würde; er ertheilte daher seine Einwil-
ligung gerne, und Julia begab sich in eines von den strengsten, tief in den Alpen
gelegenen Klöstern.

Ohngeachtet sich nun Fontini in Ansehung des Geheimnisses sicher glaubte, so
quälete ihn doch sein böses Gewissen unaufhörlich.   Die unglückliche Julia, und der
ermordete Graf von Montalto stelleten
sich ihm beständig vor Augen.   Eine unauf-
hörliche Herzensangst verfolgete ihn ohne
Aufhören, und seine immerwährende Un-
ruhe verhinderte ihn, seiner großen Reichthümer zu genießen.   Endlich stieg seine
Ver-

Verzweiflung auf das höchste, da er er
fuhr, daß unter den hundert Loosen, wel
che er für den Verlust seiner Ruhe eingehan
delt hatte, nicht ein einiges gewonnen hat
te. Nun konnte der Lasterhafte sich selbst
nicht mehr ertragen, und ein paar Tage
darauf, nachdem er diese unglückliche Zei
tung erhalten hatte, fand man ihn in sei
nem Zimmer an einem Nagel hängen. Die
verdiente Belohnung für seine Schandthat,
und eine schreckliche Folge der durch die
Lotterie erregten Begierde, reich zu werden.
Julia führete bis an ihren Tod ein erbauli
ches Leben, und Silvio, welcher von
den Anverwandten des Grafen allenthalben
verfolget wurde, verlor sich, ohne daß man
weiter etwas von ihm hat erfahren können.
Des Grafen Kammerdiener aber ist derjeni
ge, von welchem man alle diese Umstände er
fahren hat.

Was für Gräuelthaten! was für schreck
liche Auftritte, welche ohne die Lotterien
niemals würden geschehen seyn! Wir wollen
aber diese traurige Vorstellungen auf einige
Zeit verlassen, es wird sich schon Gelegen
heit zeigen, wieder darauf zu kommen.

Eine

Eine niedrige, und vielleicht die schlechteste Gattung von Lotterien, sind die sogenannte Glückshäfen. Man gewinnet darinne kein Geld, sondern allerhand Kleider, Spiegel, Silberwerk, und vielerley schöne Puppenwaaren. Alle diese Sachen sind nach der Kunst in einer dazu aufgeschlagnen Bude aufgestellt, damit sie dem gemeinen Manne, für welchen diese Gattung von Lotterien eigentlich ist, recht perspektivisch in die Augen fallen, und ihn mit ihrem Glanze verblenden. Ach! sagen alsdenn die Bauren, die Knechte und Mägde, überhaupt die Leute von der untersten Classe, was für schöne Dinge! O wie glücklich wäre ich, wenn ich jenen schönen Spiegel, wenn ich jenen Rock, u. s. f. gewinnen könnte! Wenn sie nun hören, daß die Einlage so geringe ist, wie es bey diesen Glückshäfen allezeit zu seyn pfleget, so ermuntert einer den andern, ein so geringes Geld zu wagen, und etwas so schönes zu gewinnen, und es darf nur einer den Anfang machen, so folgen hundert nach. Sie bedenken nicht, daß gemeiniglich in solchen Glückshäfen fünf und zwanzig Fehler gegen einem Treffer, und auch die Gewinnste von keiner Wichtigkeit sind. Aber wer will

will, solche Leute von der Wahrheit überzeu-
gen? Wenn irgend einer einen etwas ansehnlichen Gewinn erlanget, nachdem er
solchen durch seine Einlage bereits dreyfach
bezahlt hat, so wendet man alle Mühe an,
dieses vermeinte Glück überall bekannt zu
machen, und sogleich werden die übrige aufgemuntert, ihr Geld auf das neue zu wagen, warum sollten sie nicht eben so wohl
als ein andrer ein so ansehnliches Glück erhaschen können?

Es ist bis zum Erstaunen, wie weit
sich die rasende Begierde, in Lotterien zu
gewinnen, erstrecket. Es ist mir ein sehr
angesehener Mann in Holland bekannt, welcher der Lotterie für Loose, welche er auf
Kredit genommen hatte, über tausend Thaler schuldig war, und er hatte unter allen
diesen Loosen nicht für zehn Thaler werth
gewonnen. Unterdessen besitzet dieser Mann
viel Verstand, und verwaltet ein ansehnliches Amt. Sollte man nicht auf die Gedanken gerathen können, es herrsche eine
gewisse Bezauberung bey den Lotterien,
vermöge welcher auch die vernünftigste Leute in ihr Verderben dahin gerissen werden?
Doch ich erinnere mich, daß ich von der

E 4 niedrig-

niedrigsten Gattung der Lotterien, den Glücksbuden, rede; ich will noch ein paar Beyspiele anführen, wie gefährlich diese Reizungen auch für die geringste Gattung von Leuten sind.

Ich befand mich auf der Messe in einer berühmten Stadt von ohngefehr bey einer solchen Glücksbude, und sah mit Verwunderung zu, wie begierig die Landleute, welche sich haufenweise auf dem Markte befanden, ihr Geld hinein wagten. Keiner ließ sich abschrecken, sein Glück zu versuchen, obngeachtet sie mit ihren eignen Augen sahen, daß unter hunderten kaum einer, und noch dazu lauter nichtswürdige Dinge gewann. Die schönen in der Bude befindlichen Sachen und der prächtige Aufputz derselben waren gar zu starke Reizungen für sie. Nicht weit von mir standen zween Bauren. Hans! sagte der eine zum andern, willst du nicht auch einlegen? Man kann vor drey Bazen vor etliche hundert Thaler an Werth gewinnen. Ja! wenn ich wüßte! sagte Hans, und kratze sich im Kopf, aber ich habe nur fünf Gulden bey mir, und dafür will ich mir ein paar lederne Hosen erkaufen. Ey was, sagte

sagte der andre, du hast dieses Geld nicht
alles nöthig, und wenn du auch drey Bar-
pen verlierest, so kanst du doch deswegen
noch deine Hosen kaufen. Hans ließ sich
überreden, und drang sich durch das Volk
an die Bude. Ich war aufmerksam zu sehen, wie sein Versuch ablaufen würde.
Hans kam bald, seine Gesichtszüge zeig-
ten seine Freude, er hatte ein kleines Bildchen
von Porcellain gewonnen. Du bist glücklich,
sagte der andre, wenn ich an deiner Stelle
wäre, ich wagete noch mehr. Hans ließ
sich nicht lange zusprechen, er nahm nun
drey Loose auf einmal, und fand nichts
darinnen. Nunmehr hatte er schon zu viel
Geld ausgegeben, als daß er noch hätte Hosen kaufen können. Er entschloß sich lieber
fortzusetzen, bis er hier etwas wichtiges
würde gewonnen haben. Mit einem Worte, er setzte so lange nach, bis alles dahin
war. Es war ihm nichts mehr übrig, als
das Bildchen, welches er zuvor gewonnen
hatte, er wollte noch ein Loos dafür haben, man verweigerte ihm solches, und er
wurde gewahr, daß der Gewinn, über welchen er sich so sehr erfreuet, und welcher
ihn um sein übriges Geld gebracht hatte,
kaum ein paar Kreuzer werth war. Hans

E 5   krakte

kratzte sich gewaltig im Kopfe, allein sein
Geld war fort, und er mußte ohne neue
Hosen wieder nach Haus gehen.   Bey eben
dieser Gelegenheit sah ich eine Dienstmagd,
welche demselbigen Morgen ihren Jahrlohn
eingenommen hatte, solchen ganz und gar,
in Zeit von einer Stunde, verhoren, und
an statt ein schönes Kleid aus dem Glücks-
hafen zu gewinnen, konnte sie sich nicht einmal diejenige Kleidungs-Stücke, welche sie
höchstnöthig hatte, auf der Messe erkaufen.
Man denke nicht, daß diese angeführte Beyspiele von keiner Wichtigkeit seyen.   Sie
dienen alle zum Beweise, daß die Lotterien
eine für die bürgerliche Gesellschaft höchst-
schädliche Erfindung sind.   •

Politisch betrachtet, bringen sie einem Staate den größten Schaden.   Indem
das Geld vieler einzelner Bürger, welche, jeder vor sich, ihre Abgaben bezahlten, in den
Beutel etlicher weniger kömmt, welche deswegen keinen Heller weiter bezahlen, da indessen jene ausser Stand gesetzet werden, sich
weiter zu ernähren, und endlich genöthiget
werden, entweder das Land zu verlassen, o-
der sich auf Betrügereyen, den Bettel, ja
gar Raub und Diebstahl, zu legen; da in-
                                        dessen

deſſen diejenige, welchen ſie ihr Geld aufgeopfert haben, bey deſſen Beſitze zwar für
ihre eigne Perſonen wohlleben, aber dem
Staate deswegen nicht den geringſten weitern Nutzen verſchaffen. Ich habe dieſes
alles ſchon weiter oben berühret.

Aber auch für die Oekonomie ſo wohl
eines Staates überhaupt, als einzelner Perſonen ins beſondre, ſind ſie höchſt ſchädlich.
Ich habe ſchon geſagt, daß derjenige Staat,
welcher ſich auſſerordentlicher Mittel zu bedienen genöthiget iſt, um das benöthigte
Geld aufzubringen, bereits an einer groſſen
Schwachheit krank liegen muß. Seine Ner-
ven müſſen ſchon ihre gehörige Stärke nicht
mehr haben, und die Lebens-Geiſter müſſen an ihren gehörigen Wirkungen verhindert werden. Wenn man nun die Kur zu
übertreiben, und von jedem Marktſchreyer
Medicin nehmen will, um auf einmal wieder hergeſtellt zu werden, was wird daraus
entſtehen? Beſſer iſt es, den von allen
vernünftigen Aerzten gebilligten und gutbe-
fundnen Grundſätzen zu folgen, und den
Schaden lieber mit Sicherheit und langſam
zu heilen, als ſolchen durch Uebereilung zu
vergröſſern und untheilbar zu machen.

Wir

Wir wollen die Allegorie beyseite sezen. Wo die Kammer so sehr erschöpft ist, daß die ordentliche und ausserordentliche Abgaben der Bürger nicht mehr zulangen, das Nothdürftige zu bestreiten, da muß man nicht zu ausserordentlich geschwinden Mitteln schreiten, den Schaden zu heilen; man muß vielmehr langsam zu Werke gehen, und die Gedult zu Hülfe nehmen. Was hilft es, wenn der Staat auf einmal fünfzigtausend Gulden baar empfängt, um etwa einer dringenden Angelegenheit abzuhelfen, und hingegen dieselbe zehn Jahre, —— Ja vielleicht auf immer, durch das Verderben so vieler Unterthanen entbehren muß? Wäre es nicht besser, sich nicht jedem großsprechenden Projektmacher anzuvertrauen, welcher vielleicht ein= oder zweymal den augenblicklichen Nuzen schaffet; aber hingegen im Ganzen einen unwiederbringlichen Schaden verursachet? Dieses sind die Palliativ=Kuren, deren ich oben gedacht habe. Meine Leser mögen urtheilen.

So viel von der Oekonomie des Staates überhaupt. Sollte ich von einzelnen und Privat=Personen reden; was für betrübte Schilderungen würde ich nicht

machen müssen! Man erlaube mir nur,
bey demjenigen zu verbleiben, was im Allgemeinen wahr ist. Hier ist wohl unläugbar, und ich zweifle gar nicht, jedem von
meinen Lesern werden Beyspiele davon bekannt seyn, daß viele Tausende von allen
Gattungen von Menschen durch die Begierde, in Lotterien reich zu werden, aus ihrem vorherigen Wohlstande in die äußerste
Armuth verfallen sind. Den Einwurf, welchen man mir machen könnte, daß nicht die
Lotterien, sondern die eigene Thorheit dieser Leute daran Schuld gewesen seye, werde
ich weiter unten beantworten; und habe es
auch zum Theil schon oben gethan. Freylich ist auf der einen Seite die verführerische Reizung, und auf der andern die schlechte Einsicht Schuld daran. Aber wer kann
diese letzte von Ackerleuten, Dienstmägden,
und dergleichen fordern, da auch Leute vom
ersten Range sich verführen lassen? Doch,
diese würden ohnehin keine sehr erbauliche
Beyspiele zu einer guten Oekonomie abge-
ben.

Aber, wenn ich nun die Lotterien von
der moralischen Seite betrachten will, was
bleibet mir übrig, als über die Thorheit des
menschlichen Geschlechtes zu seufzen! Hier
muß

muß man seine Augen wegwenden, und das
so allgemein eingerissene Verderben beklagen.   Ist es denn möglich, daß Menschen
—— vernünftige Menschen —— sich ohne
alle Ueberlegung, durch den Geiz, durch
die Begierde zum Gelde, so dahin reissen
lassen, daß sie nicht allein allen schön scheinenden Vorspiegelungen jedes Raritäten-Ka-
stens Glauben geben, sondern so gar ihre
Ehre, ihr Leben, ihr zeitliches Glück daran
setzen, wie ich oben einige Beyspiele angeführet habe, und wie es deren unzählige
giebt.   Ist es möglich, daß es Leute geben
kann, welche sich darüber erfreuen, wenn
sie unzählige andere ins Verderben stürzen
können?   Ist es möglich, daß so viele er-
leuchtete und kluge Minister den Schaden
nicht wahrnehmen sollen, welchen ein fälsch-
lich eingebildeter Nutzen einem ganzen Lande verursachet?   Genug hievon.   Die Erfahrung lehret, daß sich auch bey dieser Gelegenheit der beweinenswürdige Karakter
der meisten Menschen zeiget, welche nicht
über ihre geringste Leidenschaften zu herr-
schen wissen.   Hier ist es, wo man mit dem
grösten Rechte den Ausspruch anwenden kan:

—— Quo non mortalia pectora cogis
Auri sacra fames? —— —— ——

Und

Und es ist zur Schande der Menschheit gesagt, daß sich so viele, auf allerley Arten,
mit dem Schaden ihrer Nebenbürger zu be-
reichen suchen, und so viele sich aus einer
schändlichen Gewinnsucht bereden lassen,
Ehre und wirklichen Nutzen aufzuopfern.

Zurücke von dieser Scene. Ich bin
meinen Lesern noch eine Erzehlung von der
durch Lotterien gestifteten Uneinigkeit, und
endlich gänzlicher Trennung, zwischen zween
sich vorher zärtlich liebenden Ehegatten schuldig. Ich will dasjenige Beyspiel hersetzen,
welches mir selbst bekannt ist; andere werden hunderte dergleichen finden können.

In einer von den vereinigten Pro-
vinzien der Niederlande lebten Leander und
Emilie schon einige Jahre in einer so vollkommenen Einigkeit, daß sie zum vollkommenen Beyspiele zärtlicher und einträchtiger
Ehegatten dienen konnten. Es schien, als
wenn nur eine Seele in ihnen beeden lebte,
des einen Wille war des andern Verlangen;
Nie hörte man den geringsten Widerspruch,
und Zank und Streit war gänzlich aus ihrem Hause verbannet. Nie würde man
haben glauben können, daß eine so vollkom-
mene Eintracht durch irgend einen Zufall
würde

würde können gestöret werden; aber die
Lotterien brachten diese unglückliche Wirkung zuwege.

Emilie, durch die Zuredungen einiger von ihren Freundinnen aufgemuntert,
welche ihr unaufhörlich von den grossen Vor-
theilen vorschwaßten, welche man durch die
Lotterien erlangen könnte, entschloß sich,
einen Theil ihres Taschengeldes daran zu
wagen. Sie verlor solchen, und durch die
Begierde, den Verlust wieder zu ersetzen, und
durch verführerischen Zuspruch anderer, nicht
gleich bey dem ersten Versuche den Muth
sinken zu lassen, gereizet, wagte sie es noch
einmal. Sie war eben so unglücklich. Nun
war das Taschengeld fort, und da sie ihrem
Ehegatten zuvor nichts von ihrem Vorhaben
entdeckt hatte, in den Gedanken, ihm durch
ihren ganz gewiß verhoften Gewinn eine desto unvermutheter Freude zu machen, so konnte sie sich jetzo nicht entschliessen, ihm ihren
erlittenen Verlust zu offenbaren, um so
mehr, weil sie wußte, daß er gar kein
Freund von Lotterien war, und öfters über
den Schaden, welchen sie verursachten, ge-
klaget hatte. Allein nun waren noch drey
Monathe dahin, bis sie ihr ordentliches Ta-
schen-

schengeld wieder bekommen konnte, und den
noch mußten die vorige Gesellschaften besuchet, und die alte Lebensart fortgesetzet werden. Was war nun anzufangen?

Ein einmal begangner Fehler ziehet
gemeiniglich, wenn man nicht ausserordentlich wohl auf seiner Hut ist, noch eine gute
Zahl von andern nach sich. Nur der erste
Schritt kostet Mühe. Emilie hatte sich
einmal durch die Geldbegierde zur Begehung
einer Thorheit verführen lassen, an statt
ihren Fehler zu verbessern, begieng sie ihn
noch einmal. Nun wäre es Zeit gewesen,
ihrem Gemahl die Sache zu entdecken; und
seine vernünftige Vorstellungen würden sie
von weitern Fehltritten abgehalten haben.
Eine falsche Schaam verhinderte sie daran,
und nunmehr that sie den ersten Schritt zu
Zerstörung ihrer bisherigen Glückseeligkeit.

Ihren erlittenen Verlust zu verbergen,
und dennoch ihre vorige Lebensart fortzusetzen, wendete sie nicht allein das Geld, welches ihr ihr Gemahl, von Zeit zu Zeit, zu
Bestreitung der ordentlichen häuslichen Ausgaben behändigte, dazu an, sondern die
Begierde, ihren erlittenen Verlust zu ersetzen, verleitete sie, auch wieder auf das neue,

eine ansehnliche Summe in die Lotterie zu
wagen. Sie sah sich also genöthiget, noch
lange vor der sonst gewöhnlichen Zeit von
ihrem Gemahl wieder Geld zu verlangen.
Dieser verwunderte sich zwar hierüber, als
über eine, in seiner bisher auf das ordent-
lichste eingerichtet gewesenen Haushaltung,
ganz ungewöhnliche Sache. Allein da Emilie die Schuld auf einen ausserordentlichen
im Spiele erlittenen Verlust legte, so be-
gnügte er sich damit, daß er sie ermahnete
davon abzustehen, und ihr vorstellete, was
für üble Folgen es nach sich ziehen würde,
wenn sie von ihrem einmal so wohl eingerichteten Haushaltungs-Plan abgiengen.
Emilie versprach alles, wagte aber ihr
Geld wieder in die Lotterie, und verlor auch wieder einen ansehnlichen Theil
desselben.

Was ihr zuvor zum Vorwande gedie-
net hatte, ihren Fehler zu verbergen, sollte
nunmehr wirklich zum Hülfsmittel dienen,
den erlittenen Verlust zu ersetzen. Das
heisset: sie fieng im Ernste an, grosse Spiel-
gesellschaften zu besuchen. Sie war nicht
glücklicher als in der Lotterie; das benöthigte Geld zu erhalten, borgte sie bald
hier, bald da. Tag und Nacht wurde mit
Spielen

Spielen zugebracht. Alle Ordnung im Hause verschwand, da die Frau nicht selbst mehr
die Aufsicht führte.   Der betrübte Leander sah die einreissende Unordnung mehr als
zu wohl, und beklagte den Fall seiner sonst
so ordentlichen und vernünftigen Ehegattinn.
Er machte ihr von Anfange die liebreichste
Vorstellungen, er gebrauchte sich endlich
ernstlicherer Ausdrücke; die aber den schlim-
men Zustand, in welchen sie sich gestürzet
hatte, unmuthige und verdrießliche Emilie
antwortete mit Bitterkeit, und nun entstand die erste Zwistigkeit unter dem bisher
so einig gewesenen Ehepaare.

Was für unglückliche Folgen kann
nicht ein einziger übereilter Schritt nach sich
ziehen! Aber wie viele unglückliche Folgen
könnten nicht vor tugendhafte Leute vermie-
den werden, wenn man mehr Sorge, als
nicht geschiehet, trüge, die Reitzungen und
Gelegenheiten dazu aus dem Wege zu räumen? Leander wurde argwöhnisch, daß
seine Frau sich so verändert bezeugte. Hätte
er den wahren und ersten Grund ihrer jetzi-
gen Aufführung gewußt; er würde sogleich
Mittel gefunden haben, alles wieder in den
vorigen Stand zu setzen; doch da seine

Gattinn

Gattinn ein Geheimniß daraus machte, so
konnte er ohnmöglich errathen, woher die
immer mehr und mehr zunehmende Unordnung in seiner Haushaltung entstand. Das
menschliche Herz ist allezeit geneigt, Böses
von andern zu urtheilen. Leander wurde
durch die Aufführung seiner Gattinn dazu beweget, zu glauben, sie wäre ihm ungetreu,
weil er seit der eingerissenen Unordnung die
Vorsicht gebrauchet hatte, ihr alle Gelegenheit zu unnöthigen Ausgaben abzuschneiden,
alles selbst zu bezahlen, und von allem genaue Rechnung ablegen zu lassen. Unterdessen aber wurde er beständig durch das
Andenken an eine schon so lange Jahre ge-
währte glückseelige Ehe gemartert, wenn er
den gegenwärtigen betrübten Zustand dage-
gen überlegte. Man kann sich leicht vorstellen, daß ihm dieses manche betrübte Augenblicke verursachte, und oft konnte er sich
nicht entbrechen, seinen Verdruß durch Worte blicken zu lassen.

Alles dieses vergrösserte die Unglückseel-
igkeit der zuvor so zufriednen Ehegatten.
Emilie wurde nunmehr dahin gerissen, ohne daß sie wußte, wie ihr geschah. Sie
suchte ihr Glück so wohl im Spiel, als in

der Lotterie zu verbessern, aber an beeden
Orten mit gleich unglücklichem Erfolge.
Sie sah sich gezwungen, an verschiednen
Orten zu borgen, und das Geld, welches
sie durch dieses Mittel erhielt, gieng eben
den Weg, wie das vorige. Leander sah
den Verfall seiner Haushaltung mit Betrübniß an, und, dem gänzlichen Untergange derselben vorzukommen, ließ er Emilien
gar kein Geld mehr unter die Hände, und
hofte, sie durch dieses Mittel zu zwingen,
daß sie von ihren Ausschweifungen ablassen
müßte, da sie auf seine liebreiche Ermah-
nungen nicht hören wollte.

Emilie befand sich hierdurch äusserst
beleidiget, und an statt der unvergleichli-
chen Einigkeit, welche zuvor unter diesen
beeden Ehegatten geherrschet hatte, zankten
und stritten sie sich nunmehr vom Morgen
bis an den Abend. Diese beständige Uneinigkeit verwandelte sich endlich in eine Erbitterung gegen einander, und an statt daß
sie zuvor keine Stunde von einander abwe-
send seyn konnten, flohen sie nun einander
mit allem Vorbedacht.

Die unglückliche Emilie fiel endlich
gänzlich in den Abgrund, welchen sie durch

ihre

ihre erste Einlage in die Lotterie für sich er-
öffnet hatte.   Sie war noch schön und lie-
benswürdig genug, sich in denen zahlrei-
chen Gesellschaften, welche sie beständig besuchte, Anbeter zu erwerben.   Ein ganzer
Haufe Liebhaber schwärmete um sie herum,
und theils aus Begierde, Leandern zu quä-
ken, theils aus Wohlgefallen an den Ge-
schenken, welche sie täglich erhielt, fieng
sie an, die Rolle einer Buhlschwester zu spielen.   Hierdurch gewöhnte sie sich zu einem
freyen Umgang mit dem andern Geschlechte;
ihr Nachtisch war allezeit von ihren Lieb-
habern belagert; jedermann fieng an, von
den Ausschweifungen der sonst so sittsamen
Emilie zu sprechen, und ihr Gemahl that
ihr die ernstlichste Vorstellungen, aber sie
antwortete ihm mit Verachtung.

Ihr gänzlicher Fall war vor der Thür.
Sie sollte einige beträchtliche Summen, welche sie aufgenommen hatte, bezahlen; und
da sie dieses nicht thun konnte, so wende-
ten sich die Gläubiger an Leandern; dieser
erfuhr nunmehr die üble Wirthschaft seiner
Gemahlin vollkommen.   Er gerieth darüber in den heftigsten Zorn, und über das
verächtliche Bezeugen derselben noch mehr
erbit-

erbittert, schwur er, daß er keinen Heller
vor sie bezahlen wolle. Nunmehr wurde
Emilie durch das ungestüme Ansuchen ihrer Gläubiger gemartert, und sah doch kein
Mittel vor sich, dieselbige zu befriedigen.
An statt sich mit ihrem Gemahle zu versöh-
nen, wurde ihre Erbitterung täglich größ-
ser. Schaam, Schande, Reue, und zugleich Stolz, ihre begangne Fehltritte zu
bekennen, marterten ihr Herz, und sie ver-
brachte ihre meiste Zeit in Thränen und mit
Seufzen.

In dieser Beschäftigung traf sie einmal einer von ihren Anbetern, deren Besu-
che sie beständig anzunehmen nicht unterließ, ein junger Glücks-Ritter, der eine besondre Gabe, unschuldige Schönen
zu verführen besaß, an. Er unterließ nichts,
um die Ursache ihres Kummers zu erfahren.
Die Ungeduld verführte Emilien, ihm ihr
Anliegen zu offenbaren. Zu ihrem Unglü-
cke besaß der Verführer Geld genug, und
sparte dasselbe niemals, seine Begierden zu
erfüllen. Er hatte dießmal Emilien zur
unglücklichen Stunde angetroffen. Die Erbitterung wider ihren Gemahl, die Angst,
von ihren Gläubigern beschimpfet zu werden, die Sorge, woher sie ins künftige

Geld

Geld zu ihren Ausgaben nehmen sollte; alles dieses machte sie fähig, ihrer Pflichten zu vergessen. Ihr Liebhaber wußte sich dieser für ihn vortheilhaften Augenblicke zu bedienen. Er bot ihr unter unzählichen giftigen Schmeicheleyen eine so ansehnliche Summe Geld an, daß sie sich auf einmal von allen Sorgen befreyen könnte; aber er verlangte für seine Gefälligkeit eine Belohnung, welche Emilie ohne Verletzung ihrer Tugend nicht versprechen konnte. Doch das Geld hatte bey ihren gegenwärtigen Umständen allzuviele Reizungen für sie, als daß sie solchen hätte widerstehen können. Nach einem kurzen Widerstande siegte der Verführer. Emilie erhielt das Geld, und vergaß ihrer Pflichten.

Nach und nach wurde sie des Lasters gewohnt. Sie legte die ihr noch übrige Schaam vollends ab. Ihr unerlaubter Umgang mit ihrem Buhler war kein Geheimniß mehr. Ihr Gemahl sah ihre Ausschweifungen mit der äussersten Betrübniß an. Alle seine und seiner Freunde Bemühungen, sie davon abzubringen, waren umsonst. Seine beleidigte Ehre und ihre Verachtung gegen ihn, welche von Tag zu Tag höher stieg,

stieg, nöthigten ihn endlich, sich gänzlich von ihr abzusondern. Er verpflichtete sich, ihr jährlich eine gewisse Summe zu bezahlen, und sie verließ sein Haus. Emilie bekümmerte sich anfangs wenig um ihre Trennung, da aber ihre Jahre zunahmen, und ihre Schönheit ihren vorigen Glanz nicht mehr hatte, so nahm die Zahl ihrer Anbeter ab. Ihre Ausgaben aber verminderten sich nicht, und zu denselbigen reichte das ihr ausgesetzte Jahrgeld nicht zu. Sie verfiel wieder in Schulden, und würde endlich in das äusserste Elend gerathen seyn, wenn sie nicht von Zeit zu Zeit durch den grossmüthigen Leander heimlicher Weise unterstützet worden wäre, welcher seine erste so glückliche Liebe nicht vergessen konnte, und bis an sein Ende das Elend beklagte, in welches Emilie nebst ihm durch die Lotterien versenket worden war.

Ich kann mir beynahe so gut, als wenn ich selbst zuhörte, vorstellig machen, was die Vertheidiger der Lotterien sagen werden. Wozu alle diese romanhafte und erdichtete Historien, werden sie schreyen? Ein erbärmlicher Schriftsteller, welcher keine bessere Gründe wider ein dem Staate so

F 5   nützli

nützliches Institut anzuführen weiß. Hat
nicht schon mancher sein Glück auf lange
Zeiten durch dieses Mittel gemacht? Befinden sich nicht die Gesellschaften, welche
in dieser Absicht errichtet werden, in dem
erwünschtesten Zustande, und gewinnen sie
nicht erstaunliche Summen, ohne die genaueste Redlichkeit im geringsten zu beleidi-
gen? Werden nicht alle Gewinnste auf das
richtigste ausbezahlt? Entrichten sie nicht
richtig diejenige Summen, welche sie vor
ihre Freyheiten demjenigen Staate, von welchem sie geduldet werden, versprochen haben? Und tragen sie also nicht alles Mögliche zur Wohlfart desselben bey? Sind sie
alsdenn schuldig, wenn einzelne Personen
durch diese leichte Art, ihr Glück zu machen
oder zu verbessern, dazu beweget werden,
dieses Mittel zu versuchen? Kann eine an
sich nützliche und lobenswürdige Anstalt dafür, wenn sich Leute finden, welche sich
ihrer mißbrauchen? Und was dergleichen
Gründe mehr seyn mögen. So werden sie
sprechen, diese eifrige Vertheidiger des eignen und allgemeinen Nutzens. Man wird
mir erlauben, kürzlich auf ihre Einwendun-
gen zu antworten.

Voraus-

Vorausgesetzt, aber nicht zugestanden, daß Lotterien einem Staate nützlich seyn können, so ist die Frage, ob sie solches zu allen Zeiten seyn können. Ich habe mich über diesen Gegenstand schon zu Anfang dieses Werkchens erkläret, und will dasjenige nicht wieder aufwärmen, was ich schon gesagt habe. Nur dieses kann ich nicht genug wiederholen, daß derjenige Staat, welcher genöthiget ist, jedem Fremden Freyheiten, dieß oder jenes zu thun, gegen eine gewisse Summe Geldes zu versprechen, bereits sehr gefährlich krank liegt. Denn es ist nicht zu erachten, daß diejenige, welche dergleichen Unternehmungen wagen, bereits versichert seyn müssen, daß ihr eigner Gewinn dasjenige, was sie dem Staate bezahlen, ungemein weit übersteigen müsse. Bey dieser Einrichtung also ist es nicht anders möglich, — wenn ihr Endzweck erreichet werden solle, als daß tausend Personen verlieren, und wenn sie wollen, zu Grunde gehen müssen, ehe zehen glücklich werden. Auffer diesem würden die Entrepreneurs nicht im Stande seyn, die versprochne Summe zu bezahlen, und zugleich ihren eignen Nutzen zu ziehen.

Hieraus lässet sich leicht erklären, auf was für eine Art manche ihr Glück in Lotterien gemacht haben; Nemlich, wenn neun und neunzig, wir wollen setzen jeder einen Gulden, verloren haben, so gewinnet der hundertste jeden, und die Redlichkeit wird nicht im geringsten beleidiget, denn der Plan der Lotterie wird auf das genaueste befolget, nur Schade, daß ihn nicht jedermann verstehet, und daß er so oft verändert wird; und niemand kann klagen, daß er seinen erlangten Gewinnst nicht richtig bezahlt bekommen habe. Denn die größte Gewinnste von einer französischen Lotterie, zum Beyspiele, kommen gemeiniglich nach Rußland, oder nach Ost- und West-Indien. Und, wie würden auch die Lotterie-Directeurs an manchen Orten zurechte kommen, wenn sie alle herauskommende Gewinnste bezahlen, und sich mit den zurückbleibenden Fehlern behelfen sollten. Denn da öfters und sehr oft eine ansehnliche Zahl von Billeten auf Rechnung der Gesellschaft zurücke bleibe, so ist leicht zu erachten, daß solche nicht lauter Fehler seyn werden; oder auch, daß eine kluge Voraussicht nicht zuläßet, daß sie es seyn können.

Di

Ob die Lotterien überhaupt etwas zum Wohlseyn des Staates beytragen, darüber habe ich mich schon erkläret, und eine umständliche Ausführung würde für dieses Werkchen zu weitläuftig seyn. Es ist gewiß, daß alle diejenige Mittel, einem Staate wieder aufzuhelfen, durch welche das Geld aus dem Lande gebracht wird, mehr schädlich vor demselbigen, als nützlich sind. Und so ist die Anstalt bey den meisten Lotterien beschaffen. Ich richte mich nach der bekannten Redlichkeit und Zuverläßigkeit derselben, und so muß man nothwendig sagen, daß allezeit die größte Gewinnste ausser Land gehen. Nein! Lotterien sind nicht das Mittel, Geld in ein Land zu bringen, oder darinne zu erhalten. Sollte ich aber, ohne mich weder unter die eigennützige Projektmacher noch eingebildete Staatsverbesserer zu zählen, ein Mittel, erstaunliche Summen Geldes im Lande zu behalten, vorschlagen dürfen, so würde es eine vernünftige Kleider-Taxe seyn. Auf diese Art würden so wohl sehr große Geld-Summen im Lande behalten, als auch in die Kammer geliefert werden. Vielleicht finde ich noch Gelegenheit, mich anderwärts weitläuftiger über diesen Gegenstand zu erklären.

Db

Ob alle Gewinnste richtig bezahlet werden, ist eine Frage, welche nicht so überhaupt beantwortet werden kann. Es ist hier ein grosser Unterschied unter Lotterien und Lotterien zu machen. Bey einigen werden alle Gewinnste richtig bezahlt, und diejenige, welche die größte gewinnen, sind gemeiniglich sehr weit entfernet. Bey einigen bleiben so viele Loose zurücke, und die Zahl der Interessenten ist so klein, daß die Herren Direkteurs genöthiget werden, eine grosse Zahl von Loosen auf ihre eigne Rechnung zu nehmen; und, ist es alsdenn ein Wunder, wenn sich von ohngefehr die ansehnlichste Gewinnste unter diesen finden, und alsdenn auch richtig bezahlet werden? Endlich findet man auch Lotterien, wo auswärtige Einleger die höchste Loose wirklich gewonnen hatten, aber ihre Bezahlung nicht erlangen konnten. Doch dieses gehört unter die offenbare und grobe Betrügereyen. Wer ist aber im Stande, alle die subtile und feine Streiche zu erzählen, welche bey einigen Lotterien gespielet worden sind, und noch gespielet werden. Denn dieses sind die geheiligte Geheimnisse, die wahre Grundsätze dieser vortreflichen Gesellschaften. Durch diese müssen sie aufrecht erhalten werden;

grobe

grobe und jedermann in die Augen fallende
Betrügereyen sind nur vor kleine Geister,
benehmen auf einmal den Kredit, und scheer
chen die Leute ab, ihr Geld an einem Orte
zu wagen, welcher sich in einen so übeln
Ruf gesetzet hat.

Ich bitte mir aus, daß man dasjeni=
ge, was ich bis hieher gesagt habe, nicht
zu weit ausdehne; ich kenne gewisse Lotte=
rie=Anstalten, welche von jedem Vorwurfe
einiger Betrügerey sehr weit entfernet sind,
der Nutzen der Lotterien mag nun übri=
gens überhaupt beschaffen seyn, wie er will.
Allein es ist auch unläugbar, daß bey ei=
nem sehr grossen Theil dieser Anstalten un=
zählliche betrügerische Streiche gespielet wer=
den, und diese hatte ich im Auge, als ich
den vorhergehenden Absatz schrieb.

Ich komme wieder zurücke, den Ver=
theidigern der Lotterien zu antworten. Die
Direkteurs derselben bezahlen freylich dem
Staate, welcher sie privilegirt hat, dasje=
nige allezeit richtig, was sie für ihre Frey=
heiten versprochen haben: denn wenn sie
solches nicht thäten, so würden dieselbe bald
wieder eingezogen werden. Ja! ich will
noch mehr sagen, sie bezahlen oft die Sum=
me,

me, wegen welcher man übereingekommen ist, voraus; wo nehmen sie nun dieses Geld her? Gewiß nicht aus ihrem eignen, sondern aus den Beuteln der Unterthanen desjenigen Staats, der ihnen Schutz ertheilet, und der durch diese Anstalten auf einmal überhaupt, eine etwas beträchtliche Summe einnimmt, aber hingegen zehntausend von seinen Unterthanen so äusserst verarmet sehen muß, daß sie auf immer ausser Stande sind, ihre vorherige Abgaben zu bezahlen. Es ist daher ohne allen Widerspruch richtig, daß ein Staat auf diese Art einen unendlich größern Schaden durch die Lotterien leidet, als er Nutzen davon empfängt.

Die Lotterien an sich und die Vorsteher derselben sind freylich nicht Schuld daran, wenn sich thörichte Leute durch ihre Gewinnsucht ins Verderben stürzen, weil man niemand zur Einlage zwinget. Es sind nun zwar einige Beyspiele bekannt, da dieses letztere wirklich geschehen ist; doch dieses sind besondere und ganz ausserordentliche Fälle. Allein ob man gleich die Leute nicht zur Einlage zwinget, so verführet man sie doch durch alle nur mögliche Kunstgriffe dazu; Und ohne noch von diesen zu reden, so ist es

eine

eine ausgemachte Sache, daß viele Tausende sich noch in ganz guten Umständen befinden würden, wenn man ihnen durch die Lotterien nicht Gelegenheit verschaft hätte, ihre Güter thörichter Weise zu verschwenden.
Man sollte, wenn man vorsichtig handeln
wollte, den Unterthanen, so viel immer
möglich, alle Gelegenheiten abschneiden, wodurch sie sich ins Verderben stürzen können.
Wenige besitzen so viel Macht über sich selbst,
daß sie, wenn sie einer Gelegenheit gewahr
werden, wo sie ihr Glück machen können,
oder wo man ihnen wenigstens solches weiß
zu machen suchet, sich so, wie es nöthig
ist, bezwingen können.   Man verbietet an
sehr vielen Orten die sogenannte Glücks-
Spiele, und das mit Recht, weil sich so
viele Leute aus Begierde, reich zu werden,
dadurch ins Verderben gestürzet haben, und
so viele Betrügereyen dabey ausgeübet werden.   Man nenne mir aber ein größeres
Glücks-Spiel als die Lotterien.   Alle schädliche Wirkungen der sogenannten Hazard-
Spiele äussern sich bey denselbigen mit verdoppelter Stärke.

Was ich hier sage, kann man mir ohnmöglich läugnen.   Wäre es den Schran-

G   ken,

ken, welche ich mir vor dieses Werkchen gesetzt habe, angemessen, so hätte ich hier die
schönste Gelegenheit, mich in einer weitläu-
figen Vergleichung der Glücks-Spiele und
der Lotterien, des aus beeden entstehenden
Verderbens, der bey beeden öfters, ob zwar
nicht allezeit, mit unterlaufenden feinen,
auch zuweilen groben Betrügereyen, und der
Mühe, welche man sich bey beeden giebt,
Leute anzuwerben, welche gesinnet sind, ihr
Geld zu wagen, auszubreiten. Denn wie
viele Dinge würden nicht über diese Gegen-
stände gesagt werden müssen. Allein dieses
kann an einem andern Orte besser geschehen.
Ich schränke mich ganz kurz ein, und will
nur einige wenige Anmerkungen so wohl ü-
ber die Glücks-Spiele als über die Lotterien, und ihre Uebereinkunft unter sich, hersetzen.

Ein Spieler, welcher fertig ist, Bank
zu machen, leget sein Geld öffentlich zur
Schau, und thürmet, wenn er kann, grosse Haufen davon auf dem Spieltische auf,
um durch den verblendenden Schimmer des
Goldes und Silbers andern Muth zu machen, daß sie, um etwas von diesem Vor-
rath zu erhaschen, ihr eignes Geld wagen
sollen. Eben so machet man es bey den Lotterien.

terien. Alle herauskommende Plans und Avertissements können nicht genug von der vortheilhaften Einrichtung derselben prahlen, und man wendet alle mögliche Versprechungen und Reizungen an, so wie der Spieler durch den Glanz seines Geldes zu locken suchet.

Jener gebraucht sich allerhand feiner Griffe, um seinen Zweck zu erhalten, nemlich das Geld seiner Mitspieler zu erhaschen; und wem ist unbekannt, daß man bey Lotterien ebenfalls darauf bedacht ist, durch allerley künstliche Erfindungen seines Vortheils gewiß zu werden. Von beeden wird ihr Zweck fast meistentheils erreichet: denn wenige finden sich, welche Einsicht genug in die geheime Kunst besitzen, durch welche beede zum voraus ihrer Sache gewiß sind, ob solches gleich unwissende Mitspieler nicht einsehen.

So wie der Spieler, wenn er gleich ansehnliche Summen gewonnen hat, dennoch seinen Gewinn für ganz gering angiebt, oder gar behauptet, er selbst habe verloren; Eben so wissen auch die Vorsteher der Lotti nach jeder Ziehung die öffentliche Blätter mit häufigen Verlosten anzufüllen,

G 2   was

was sie für ansehnliche Gewinnste zu bezahlen genöthiget gewesen seyen, und sie beklagen sich nicht selten über den grossen Verlust,
welchen sie erlitten haben.

Gleichwie der Spieler manchmal mit
Vorbedacht, um andere nicht abzuschre-
cken, einen oder den andern eine geringe
Summe gewinnen läſſet; Eben so machen
die Vorsteher der Lotti ihre Einrichtung
so, daß viele kleine Gewinnste ausbezahlet
werden müſſen, welche ihnen keinen Schaden verursachen, und die Leute aufmuntern,
immer weiter zu wagen. Und ohngeachtet
so wohl bey dem Spiele als bey den Lotterien ganz deutlich zu sehen ist, daß gegen
einem, der gewinnet, hundert andere ihr
Geld verlieren, so ist doch die Gewinnsuche
so groß, daß es niemals an Leuten fehlet,
welche das Ihrige wagen.

Es ist eine ganz bekannte Sache, daß
schon sehr viele Leute, welche ein ansehnliches Vermögen besassen, durch das Spiel
in die äusserste Armuth, durch dieselbe in
Verzweiflung verfallen sind, und sich öfters
selbst des Lebens beraubt haben; und eben
so ist es auch mit vielen bey den Lotterien
gegangen. Denn alle Glücks-Spiele haben
diese

diese gleichsam zauberische Kraft an sich,
daß sie diejenige, welche sich in dieselbe ein
lassen, mit einer unsichtbaren Gewalt veste
halten, und sie mit so starken Banden fes
seln, daß es unglaubliche Stärke erfordert,
sich wieder davon loszureissen. Verlieret
einer von den Mitspielern, so höret er, das
Verlohrne wieder zu erhalten, nicht auf,
immer nachzusetzen, bis er endlich gänzlich
ausser Stande dazu ist; lässet man ihn et
was Weniges gewinnen, so wird er da
durch nur desto hitziger, sein Glück fortzu
setzen; Und auf beede Arten bleibet er im
mer in dem Netze verwirret, bis er endlich
durch den gänzlichen Verlust seines Vermö
gens von seiner begangnen Unbedachtsam
keit überzeugt wird.

Ich kenne Leute, welche, da sie alle
ihr Vermögen in den Lotterien aufgeopfert
hatten, endlich ihre Betten verkauften, um
so viel Geld zusammen zu bringen, als zur
Einlage nöthig war, und lieber auf der
blossen Erde schliefen, als ihr vermeintes
und so lang erwartetes Glück fahren lassen
wollten; eben wie der Spieler, welcher, um
seinen erlittenen Verlust wieder einzubrin
gen, seinen letzten Heller, welchen er noch,

Brod

Brod zu erkaufen, übrig hat, aufsetzet, und
alsdenn mit hungrigem Bauche seine begangne Thorheit bejammert. Denn es ist
unglaublich, wie weit sich die rasende
Sucht, auf diese Arten sein Glück zu machen, erstrecket. Ohngeachtet der betrübten Beyspiele, welche sich täglich ereignen,
will sich niemand warnen lassen; ja ich kenne Leute, welche durch die Lotterien an den
Bettelstab gerathen sind, und dennoch, wenn
sie nur die nöthige Summe aufbringen
könnten, sich kein Bedenken machen würden, dieselbige sogleich wieder in das Lot-
terie-Comptoir zu tragen, ohne an ihren
so höchst nothwendigen Unterhalt zu gedenken. Es ist unbeschreiblich, und übersteiget alle Begriffe, wie weit sich zuweilen die
Blindheit der Sterblichen in Ansehung dessen, was ihr wahres Wohl betrift, erstrecket. Und wenn wir nicht täglich die betrübte Beyspiele davon selbst vor Augen hätten, so könnte man dergleichen Erzählun-
gen für nichts anders, als eine Lästerung
wider das ganze menschliche Geschlecht ansehen.

Aber was können nun die löbliche Lot-
terie-Anstalten dafür, daß so viele Menschen so wenig Ueberlegung haben, und mit
aller

aller Gewalt ihr Geld für ein ungewisses
Glück aufopfern wollen? Ich frage gleichfalls, was können die berühmte Glücks-
Ritter im Spiele dafür, daß sich so viele
Thoren finden, welche ihnen ihr Geld abge-
winnen wollen, das doch in so guter Ver-
wahrung lieget? Auf diese beede Fragen zu
antworten ist leicht. Beede, so wohl der
Spieler, als der Vorsteher des Lotto sind
unschuldig. Aber zur Wohlfarth des Staates ist es höchst nothwendig, daß beede sehr
enge eingeschränkt, oder noch besser, gar
nicht geduldet werden.

So lange man nicht, so viel möglich
ist, alle Gelegenheiten aus dem Wege schaft,
wodurch diejenige, welche weiter nichts als
ihr zureichendes Auskommen besitzen, angereizet, und mit Vorbedacht angereizet werden können, ihre Habseeligkeiten aus Hofnung eines unausbleiblichen Gewinnstes zu
wagen; so lange werden sich auch beständig
Unglückliche finden, welche durch die Begierde, reich zu werden, in Versuchung
und viel Stricke, ja zuletzt in ihr gänzli-
ches Verderben gerathen. Nehmet die Gelegenheiten weg, wenn ihr für das Wohl
eurer Unterthanen besorgt seyd, so werden

sie

sie gewiß keine Lust mehr bezeugen, ihr Geld
in Lotterien zu wagen; sondern hingegen
bey sich selbst beständige Anschläge machen,
wo sie solches auf eine solche Art anwenden
können, daß sie einen gewissen Nutzen daraus ziehen. Sie werden sich nicht mehr auf
ein ungewisses Glück verlassen, sondern vielmehr durch bessere Einrichtung des Feld-
baues, durch die Viehzucht, durch den Handel, überhaupt durch ihren Fleiß ihr Vermögen zu vermehren suchen. Und geschiehet dieses, so ist der Nutzen, welchen der
Staat von ihnen ziehen kann, ebenfalls ganz
sicher.

Auf solche Art wird der Einwurf bald
beantwortet seyn, daß den Vorstehern der
Lotterien die Schuld nicht beyzumessen seye,
wenn gewisse Leute dadurch unglücklich würden. Ueberhaupt ist solches zwar wahr,
und ich bin weit davon entfernet, einem jeden für seine Person die boshafte Absicht zu-
zuschreiben, daß er mit Vorbedacht seine
Nebenbürger zu ruiniren suche; aber doch,
warum geben sie Gelegenheit hierzu? Warum bemühen sie sich, andere zu reizen? Auf
diese Fragen würde ihnen schwer fallen, mit
Grunde etwas zu antworten.

Aus

Aus demjenigen, was ich bisher ges
sagt, schliesse ich, daß, gleichwie sich eine
vollkommne Aehnlichkeit zwischen den soges
nannten Hazard-Spielen und den Lottes
rien befindet, man auch eben also bey den
letztern die nemliche Gesetze vorschreiben,
und die nemliche Vorsicht gebrauchen sollte,
welche man bey den erstern mit so gutem
Erfolge und mit so augenscheinlichem Nus
gen an vielen Orten angewendet hat. Als
denn würde unbeschreiblicher Schaden vers
hütet, alsdenn würde Leuten von niedris
germ Stande wenigstens die Gelegenheit
benommen werden, ihr Vermögen auf ein
ungewisses Glück zu wagen, und aus Bes
gierde, auf eine leichte Art und geschwinde
reich zu werden, sich selbst ihren Untergang
über den Hals zu ziehen.

Wenn alle Leute die nöthige hieher ges
hörige Einsicht hätten, so würden sie leicht
einsehen können, was für eine Thorheit es
seye, sein Geld an einem Orte zu wagen,
wo sich die Gelegenheit zu gewinnen, ges
gen der zu verlieren, wie eins gegen zehen,
wenn es noch gut gehet, öfters aber wie
eins gegen dreyßig, vierzig, fünfzig, und
zuweilen gar hunderten verhält. Man muß
G 5   sich

sich nicht daran stoßen, daß in den Lotte-
rie-Plans so oft angezeigt wird, es seyen
nur zween, drey, auch wohl nur ein Fehler gegen einen Treffer, und die Einrichtung einer jeden für so vortheilhaft ausge-
schrien wird. Man hat doch dafür gesorget, daß die obige Verhältniß beybehalten
wird. Wer dasjenige, was ich weiter o-
ben in Ansehung der großen Gewinnste erwehnet habe, verstehet, und solchem nach-
denken will, kann dieses Räthsel leicht auf-
lösen. Wenn im übrigen irgend einmal
ein mittelmäßiger Preis gezogen wird, so
bemühet man sich auf alle Art solches in derjenigen Gegend, in welche er gekommen,
bekannt zu machen, und diejenige, welche
durch die Lotterien reich zu werden gedenken, sehen nur auf den einigen, welcher
etwas gewonnen hat, und nicht auf die
hundert Personen, welche gegen diesem einigen ihre Einlagen verloren haben. Es
verhält sich wie mit den Leuten, welche auf
Träume achten. Wenn sich von ohngefehr
etwas zuträgt, welches sie einigermaßen
auf einen gehabten Traum ziehen können,
so vergessen sie die viele Hunderte, welche
ganz und gar keine Bedeutung gehabt haben. Und in der That ist es nichts als ein
leerer

leerer Traum, denn man sich einbildet,
sein Glück in den Lotterien machen zu können.

Es würde schwer fallen, Beyspiele von
Leuten anzuführen, welche durch die Lotterien ein ansehnliches Glück gemacht haben,
es müßten denn die Direkteurs derselben gewesen seyn; aber die Beyspiele derer, welche durch diese Gelegenheit unglücklich worden sind, sind nicht zu zählen.   Kapitali-
sten, welche mit ihrem gegenwärtigen Reich-
thume nicht vergnügt, denselben durch dieses Mittel zu vergrössern suchten, und dasjenige, was sie schon besessen hatten, dadurch völlig einbüßeten; Kaufleute, welche
durch das Lotterie-Glück bankerot worden
sind; Bürger, welche den Bettelstab haben ergreifen müssen;   Handwerksleute, welche
außer Stand gesetzt wurden, ihre Arbeit
fortzusetzen. —— Dergleichen Beyspiele
sind unzählich, und einem jeden bekannt.
Aber diejenige, welche dadurch der Armuth
entgangen sind, möchten sehr schwer, oder
wohl gar unmöglich zu finden seyn.

Ja! viele sind dadurch gar in Verzweiflung gerathen, und haben sich in demselben des Lebens beraubet.   Ich will zur
Abwechs-

Abwechßlung ein einiges Beyspiel hiervon
hersetzen, wovon ich selbst ein Zeuge gewe=
sen bin. Und wie viele dergleichen habe
ich nicht von glaubwürdigen Personen er=
zählen hören!

Auf einer kleinen Reise, welche ich
ausserhalb Deutschland machte, kam ich
einmal gegen Abend an einen gewissen Ort,
wo frische Pferde sollten vorgespannet wer=
den. Vor dem Wirthshause, wo ich mich
so lange aufhalten sollte, hatte sich ein
zahlreicher Haufe von Leuten versammelt,
welche ein verwirrtes Getöse untereinander
machten. Ich fragte nach der Ursache, und
erhielt zur Antwort, daß man eben einen
Mann in das Haus gebracht habe, wel=
cher sich aus Verzweiflung hätte ersäufen
wollen, zwar noch in Zeiten wieder heraus
gezogen worden wäre, aber doch allem An=
sehen nach sterben würde.

Als ich mich hierauf in dem Hause be=
fand, so fragte ich den Wirth, was dieser
Mensch für Ursachen zu einer solchen schreck=
lichen That gehabt habe. Ach! mein Herr!
sagte dieser, die Lotterien sind Schuld an
seiner Verzweiflung. Wie mancher braver
                                         Mann

Mann ist nicht schon dadurch zu Grunde gerichtet worden! Sie sind die schädlichste Erfindung, welche man nur zum Verderben
der bürgerlichen Gesellschaft hätte ausfin-
nen können. Ich weiß nicht, wie es möglich seyn kann, daß die Obrigkeiten dergleil-
chen schreckliche Dinge zugeben können ——
Er würde noch weiter in seiner Declama-
tion fortgefahren seyn, wenn ich ihn nicht
ersucht hätte, seinen Eifer zu mäßigen, und
mir dafür einige Nachricht von dem Zufalle
des verzweifelten Mannes zu ertheilen. Er
willigte in mein Begehren, und erzählte
mir folgendes:

Dieser Mann war ein mittelmäßiger
Kaufmann, welcher zwar kein allzugroßes
Vermögen, aber doch so viel besaß, daß er
nach aller Bequemlichkeit leben konnte, und
so viel Credit hatte, daß er durch die Fort-
setzung einer vernünftigen Haushaltung
nach und nach vielleicht noch zu einem ansehnlichen Glücke hätte gelangen können.
Er lebte ganz in der Stille, und alle, welche ihn kannten, schätzten ihn als einen
vernünftigen und ehrlichen Mann hoch.
Ein unglücklicher Zufall stürzte ihn von seinem bishero genossenen Glücke, und brachte ihn gänzlich ins Verderben.

Es

Es wurde mit Bewilligung unsrer hohen Obrigkeit eine Lotterie errichtet, und die Einrichtung derselben schien nach dem bekannt gemachten Plane so vortheilhaft, daß jedermann eilete, sein Geld zu bringen, um bey einer so vortheilhaften Gelegenheit glücklich zu werden.   Dieser Unglückliche wollte, da die Einlage nur sehr geringe war, sein Heil ebenfalls versuchen, auf eine erlaubte und leichte Art einen erlaubten Profit zu machen.   Der erste Versuch gelang, und er gewann, obgleich keine beträchtliche Summe.   Dieses munterte ihn auf, weiter fortzufahren, er nahm noch verschiedene male einige Loose, und war allezeit glücklich. . Nunmehr machte ihn sein gutes Glück aufgeblasen.   Er beschloß, größere Summen zu wagen, damit er auch auf einmal etwas beträchtliches gewinnen könnte.

Zu diesem Ende setzte er nicht nur in alle auswärtige grosse Lotterien ansehnliche Summen, sondern nahm auch in der unsrigen zweyhundert Loose auf einmal, weil ihn einer von den Lotterie-Freunden überredet hatte, daß es bey einer so grossen Anzahl beynahe ohnmöglich seye, des größten

Looses

Looses zu verfehlen. Es gieng nunmehr dem guten Manne wie Micheln mit seiner Nachtigall. Schon zum voraus überrech= nete er die Summe, welche er doch we= nigstens an einem Orte erhalten müßte, und machte schon zum voraus tausend Anschläge, auf was für Art er seinen Gewinn am vor= theilhaftesten anlegen, seinen Handel ver= größern, und endlich einer der reichsten Banquiers der Welt werden wollte. Häu= ser, Gärten, Landgüter, alles wurde schon in seinen Gedanken angeleget, und tausendmal änderte und verbesserte er die schon gemachte Plans in seinen Gedanken. Allein Micheln entflog seine Nachtigall, als er im Eifer die Hand öfnete, und unser Lotterie=Spieler wurde wie vom Donner gerühret, als er die Nachricht erhielt, daß er in allen auswärtigen Lotterien nichts als Nieten erhalten, und auch alle seine Loose in der unsrigen gefehlet hatten.

Der Verlust war sehr beträchtlich für einen Mann von seiner Gattung, und aus Furcht, seinem bisherigen Kredite Scha= den zu thun, scheuete er sich, jemand et= was davon zu offenbaren. Zu gleicher Zeit aber setzte er sich vor, seinen Verlust wie=

der

der einzubringen, es möchte auch koßen,
was es wolle. Er versuchte das vorige
Mittel. Von dem Zuspruche anderer Lot-
teriesüchtigen verblendet, rafte er alles
Geld zusammen, und wagte es noch einmal. Der Erfolg war dem vorigen gleich,
und nunmehr sah sich unser Thor in einer
solchen Situation, daß er sich nicht mehr
zu helfen wußte. Er mußte Geld borgen,
er konnte mit Bezahlung seiner Waaren
nicht einhalten, sein Kredit fieng an zu
fallen, da es, ohngeachtet seiner gebrauchten Vorsicht, kein Geheimniß geblieben
war, was für ansehnliche Summen er in
den Lotterien gewaget hatte. Er wußte
sich nicht mehr zu helfen, und wurde traurig und niedergeschlagen. Er flohe die Gesellschaft, und dachte nur immer auf Mittel, seinen erlittenen Schaden wieder zu ersetzen. Allein der tödtliche Streich war ihm
noch vorbehalten.

Einer von seinen guten Freunden, ein
eben so grosser Thor in Ansehung der Lotterien, wie er, welcher sich dadurch schon beynahe an den Bettelstab gebracht hatte, aber
dennoch an seinem noch künftigen Glücke
nicht verzweifelte, besuchte ihn einmal, und
drang,

drang, da er ihn so traurig sah, so lange in ihn, bis er ihm die Ursache seiner Traurigkeit entdeckte. O mein Freund! rief jener, man muß sich durch einen widrigen Erfolg nicht abschrecken lassen. Wer bey Lotterien nicht fortsetzet, wird niemals ein ansehnliches Glück machen. Sie sind zweymal unglücklich gewesen; wenn Sie aufhören wollten, so würde ihr Geld auf immer für Sie verloren seyn: setzen Sie noch einmal, das Glück ist veränderlich, Sie werden gewiß gewinnen. Kurz, er redete dem Unglücklichen so lange zu, bis er wieder geneigt wurde, noch einmal zu wagen; allein er mußte zugleich bekennen, daß es ihm am Gelde fehlete.

Diese Schwierigkeit ist leicht zu heben, erwiederte der andre. Sie sind ein angesehener Mann, die Vorsteher unsrer Lotterie sind ehrliche Leute, welche andern alle Gelegenheit zu verschaffen suchen, auf eine erlaubte Art ihr Glück zu machen. Sie werden Ihnen Loose auf Kredit geben, wenn Sie eine beträchtliche Zahl miteinander nehmen, und dazu rathe ich Ihnen auch. Es ist nicht möglich, daß sich das Glück nicht günstiger gegen Ihnen erzeigen sollte. Und

unter

unter einer grossen Zahl kommen Sie um desto weniger fehlen. Der unglückliche Lotterie-Spieler ließ sich wieder bereden; die Gelegenheit schien ihm vortheilhaft, seinen erlittenen Verlust wieder zu ersetzen. Er nahm dreyhundert Loose auf Kredit, und wenigstens die Helfte gewann. Ob gleich die Gewinnste von keiner Wichtigkeit waren, so munterte ihn doch solches auf, sein Glück noch weiter zu versuchen.

Er fuhr auf solche Art noch etliche male fort, gewann allezeit etwas, und verlor viel, bis er endlich ein paar tausend Gulden an die Lotterie schuldig war. So weit hatte man ihn mit allem Vorbedacht kommen lassen. Nunmehr forderten die Directeurs auf einmal die Bezahlung, und da er dazu außer Stand war, so hielten sie sich an die ihnen ertheilten Freyheiten, und verfolgten ihn gerichtlich. Man hielt sich an seine vorhandene Mittel; die Sache wurde ruchtbar; diejenige, welche ihn noch bis hieher unterstützet hatten, unterließen es, da bekannt wurde, daß sie selbst mit ihm Schaden leiden könnten. Alle seine Gläubiger wurden aufgewecket, und wollten auf einmal bezahlet seyn; mit einem Worte, er war durch die Lotterie zu Grunde gerichtet.

Da

Da er alle seine bisherige Hofnung auf eine so unglückliche Art zernichtet sah, so gerieth er in Verzweiflung. Er sah kein Mittel mehr vor sich, seinem verfallenen Zustand wieder aufzuhelfen; und noch überdieß sah er sich von jedermann gelästert, und als einen Thoren verlachet. Ohngeacht er in seinem Hause in Verhaft war, fand er doch vor einer Stunde Gelegenheit, sich davon zu schleichen; und stürzte sich in den hier vorbeyfliessenden Strom. Einige Leute, welche in dieser Gegend arbeiteten, hatten ihn mit sich selbst reden gehöret, und darauf ins Wasser springen sehen. Sie liefen hinzu, und fischten ihn mit vieler Mühe wieder heraus, da man ihn denn zu mir gebracht hat, um zu versuchen, ob man ihn wieder ins Leben bringen kann. Hier endigte der ehrliche Mann seine Erzehlung, und wollte sich von neuem über die offenbare Schädlichkeit der Lotterien ausbreiten. Allein da die Pferde angespannt waren, so ersuchte ich ihn, das übrige, was er zu sagen hätte, bis zu meiner Wiederkunft zu versparen, und setzte meine Reise fort.

Was dünket meine Leser von dieser Geschichte? Ich lasse sie selbst urtheilen, und will

will nur eine einige Anmerkung beyfügen.
War es nicht eine offenbahr betrügerische
und boshafte Absicht, wegen welcher die Lotterie diesem Unglücklichen so viele Loose kre-
ditirte? Kann man glauben, daß sie nicht
zum voraus gewußt habe, daß er nichts Beträchtliches gewinnen werde? Und war sie
also nicht Schuld an seinem Untergange?
Mir sind noch einige augesehene Personen
bekannt, welche auf eben diese Art in das
Verderben geriethen. Wo man gleich baar
bezahlen muß, um ein ungewisses Glück zu
erhaschen, da bedenket sich noch mancher.
Aber wo man sich die Vorstellung machen
kann, ich kann auf immer glücklich werden,
ohne daß ich mir gleich im Augenblicke wehe
thun darf: O! da verschliesset man die
Augen vor allen betrübten Aussichten, und
weidet seine Hofnung nur mit den Chimä-
ren des zukünftigen Reichethums. Die Lotterie aber ist wohl versichert, vermöge ihrer
wohlhergebrachten und bestätigten Freyheiten, nichts dabey zu verlieren.

Ich habe bereits hin und wieder etwas
von Betrügereyen erwehnet, welche bey Lotterien vorgehen; ich will mich aber feyerlich
verwahret haben, daß ich solches nur von
einigen

einigen, und ganz und gar nicht von allen
verstehe. Es giebt Lotterien, bey welchen
man mit der größten Genauigkeit nach dem
der Welt öffentlich vorgelegten Plane han-
delt, und bey welchen sich kein Mensch über
die Unrichtigkeit der Bezahlung zu beschwe-
ren hat. Fallen nun die Gewinnste nicht
gerade da, oder dorthin, wie es dieser oder
jener wünschet, so können die Vorsteher der
Lotterie nicht dafür, und ihnen ist keine
Schuld beyzumessen. Hingegen wird man
mir auch nicht läugnen können, daß es Lotterien gegeben hat, welche, nachdem schon
beträchtliche Summen von der Einlage bey-
sammen waren, gar nicht gezogen worden
sind, und wo man oft die Einlage gar nicht,
oder wenigstens erst nach langer Zeit und
mit vielen Schwierigkeiten wieder bekommen konnte. Es ist damit gegangen, wie
mit vielen Büchern, auf welche man Pränu-
meration angenommen hatte. Ferner ist
es ebenfalls gewiß, daß verschiedne Entrepreneurs, wenn die Lotterie sollte gezogen
werden, sich mit dem erhaltenen Gelde, oder
einem Theil desselben unsichtbar gemacht haben. Wiederum, daß es Lotterien gegeben
hat, wo man nicht im Stande war, oder
seyn wollte, die gezogne große Gewinnste zu

bezah-

bezahlen, und sich diejenige, welchen solche zugefallen waren, wegen einer weit geringern Summe vergleichen mußten; u. s. w.
Solche Dinge, glaube ich, können mit Rechte mit dem Nahmen einer Betrügerey be-
stempelt werden. Dadurch aber wird dem
guten Nahmen redlicher und wohleingerich-
teter Lotterien nichts benommen, so wenig
als es der Ehre eines braven Mannes etwas benimmt, wenn er sich mit einem Betrüger, den er nicht kennet, in Gesellschaft
befindet. Wir haben heut zu Tage viele
Lotterien, bey welchen das Geld so wohl
versichert ist, daß niemand um die Bezahlung seines Gewinnes in Sorgen stehen
darf. Ist ihm aber das Glück nicht günstig, was kann die Lotterie dafür?

Nunmehr glaube ich alles gesagt zu
haben, was man so überhaupt in Ansehung
der Lotterien sagen kann. Ich will nunmehr meine besondre Gedanken über dieselbe in gewisse Sätze zusammen ziehen, und
überlasse es meinen Lesern, davon zu urtheilen, wie sie wollen.

I.) Die Lotterien überhaupt bringen einem Staate mehr Schaden als
Nutzen. Wenn durch eine gewisse Anstalt
der

der Staat einen Haufen Bürger verlieret, welche zuvor ihre Abgaben richtig bezahlt hatten, und dafür keine andre bekömmt; welche an dieser Stelle bezahlen, so ist diese Anstalt dem Ganzen schädlich. Wenn dadurch dieselbe viele Handwerksleute, Fabrikanten, Kaufleute, und so weiter, gereizet werden, ihr Geld zu verschwenden, und dadurch in das Verderben gestürzet, und außer Stand gesetzt werden, ihr Gewerbe weiter fortzutreiben, so ist der Schade klar, welcher dadurch verursacht wird; die Handlung wird gehemmet, der Umlauf des Geldes verhindert, und dasselbe aus dem Lande gezogen, ohne daß der Staat einigen Nutzen davon hätte. Beedes geschiehet durch Gelegenheit der Lotterien.

II.) Alle diejenige Anstalten, durch welche der Staat offenbahren Schaden leidet, müssen nicht gebuldet werden. Dieses erfordert keinen Beweis. Da nun die Lotterien von dieser Beschaffenheit sind, so erhellet auch, daß sie nicht zu bulden sind. Daß sie aber so wohl im Ganzen, als unter einzelnen Privat-Personen vielen Schaden verursachen, habe ich durch dieses ganze Werkchen genug gezeigt.

H 4   III.)

III.) Mit den Lotterien ist es so
beschaffen, wie mit den Hazard-Spielen. Sie können einigen Nutzen für
den Staat bringen, aber nur unter gewissen Bedingungen. Da von beeden
dennoch dem Staate eine beträchtliche Summe eingehen kann, so sind sie wohl in sofer-
ne zu dulden, wenn man nur zu verhindern
suchet, daß der durch sie verursachte Schaden den durch sie zu erlangenden Nutzen
nicht übersteiget. Dahin gehöret hauptsächlich folgendes:

IV.) Man muß nur eine kleine Zahl
von Lotterien erlauben. So wohl die
Lotterien selbst, als der Staat leiden dadurch, wenn man fast in einer jeden Stadt
ein Lotto antrift. Jenen mangelt es an
Einlegern, diesem an Geld, welches zu bezahlen versprochen worden ist. Wenn der
Bauer sich einmal entschlossen hat, sein Geld
zu wagen, so waget er solches lieber in dem
nächsten Orte, wo er Gelegenheit dazu hat,
als daß er solches erst mit Beschwerlichkeit
nach dem nächsten Hauptorte tragen sollte.
Auf solche Art schleichen sich viele Winkel-
Lotterien ein, welche hernach sich nicht erhalten können, und der Mann geringern
Stan-

Standes, welcher sonst nicht daran gedacht haben würde, sein Geld zu wagen, wird durch die vor Augen habende Reizungen zu seinem Verderben verführet.

V) Die Gewinnste müssen groß, und nach eben diesem Verhältnisse auch die Einlage seyn. Dadurch wird man viel sicherer die Schatzkammer bereichern, als wenn man eine unendliche Zahl kleiner Gewinnste machet, und die Einlage auf einen so niedrigen Preis setzet, daß ein jeder Handwerksmann sich dessen bedienen kann. Durch dieses letztere werden die geringste Leute angelockt, einzulegen, welches sie, wenn es mehr Geld kostete, gewiß unterlassen würden; und drey Batzen, welche solche Leute verlieren, thun ihnen mehr Schaden, als drey Thaler dem Reichen, welcher bey erhöhetem Preise der Loose dennoch nicht unterlassen wird einzusetzen.

VI.) Wollte man recht vorsichtig und zum Nutzen des Staates handeln, so müßte es ohne alle Ausnahme verboten werden, Leuten von gewissen Klassen Loose abfolgen zu lassen. Alsdenn würde man sich nicht zu befürchten haben, daß so viele Leute von der geringsten

Sorte

Sorte ihr weniges Geld aus Mangel nöthi-
ger Einsicht verschwenden, und dadurch
entweder aufs Stehlen oder Betteln gerathen, und dadurch dem Staate zur unnü-
zen Last werden.

VII.) Sollen Lotterien dem Staate Nutzen bringen, so muß auch der
Staat allein solche errichten, und die
Abgeordnete desselben die Aufsicht darüber haben. Es muß nicht jedem Glücks-
Ritter, der sich erbietet, eine gewisse Summe sogleich zu bezahlen, dafür die Freyheit
ertheilet werden, die Unterthanen durch seinen Raritäten-Kasten zur Verschwendung
ihres Geldes zu verleiten. Noch viel weniger muß man solchen von unbekannten Orten hergeflogenen Leuten sogleich alle Gewalt anvertrauen. Denn ihre Absicht gehet
doch nicht weiter, als das Geld der Unterthanen in ihre Beutel zu bringen, und so
wie die Umstände sind, manchmal aus dem
Lande zu schleppen.

VIII.) Die Gewinnste müssen richtig bezahlt werden, insonderheit wenn
der Staat selbst dafür garantirt hat.
Es sind mir Beyspiele bekannt, da man
die größte Gewinnste nicht allein nicht aus-

bezahlt

bezahlt bekommen konnte, sondern endlich
gar noch sich mit ungewissen Obligationen
an statt des baaren Geldes vergnügen mußte.
Ohne des Schimpfes zu gedenken, will ich
nur so viel sagen, daß dieses einem Staate, welcher durch Lotterien seinen Vortheil
suchet, und solche fortzusetzen gedenket, den
größten Nachtheil bringt.

IX.) Die Lotterie muß nicht eher
gezogen werden, bis alle Loose völlig
ausgegeben worden sind, und keines
mehr zurücke ist.   Dieses ist einer von
den Haupt-Grundsätzen, den guten Nahmen einer Lotterie zu erhalten, und sie in
Ansehen zu bringen.   Ich weiß, daß dieser Satz am meisten Anstoß leiden wird, und
will mich daher bemühen, ihn etwas aus-
führlicher zu beleuchten.   Man hat tausend Beyspiele, daß man sich von Seiten
der Lotterie-Vorsteher mit der Ausfluche ge-
schützet, wenn man ihnen eine gewinnsüch-
tige Absicht vorgeworfen hat, sie litten den
größten Schaden dabey, daß ihnen so viele
Loose auf ihre Rechnung liegen blieben.
Hingegen haben sie auch nicht selten den
Vorwurf hören müssen, sie wüßten es schon
so zu machen, daß ihnen die zurückgebliebe-
ne

ne Loofe keinen Schaden verursachten; und
die Sache so einzurichten, daß unter diesen
auch die größte Gewinnste ungezogen liegen
blieben. Diesen beeden Klagen nun abzuhelfen, ist kein besseres Mittel, als die
Lotterie nicht eher ziehen zu lassen, bis
alle und jede Loose völlig verhandelt sind.
Wir wollen einmal den Fall setzen, die
Vorsteher des Lotto seyen gänzlich unschuldig an allen Vorwürfen, welche man
ihnen machen könnte, so wird es doch
gewiß nicht an Leuten fehlen, welche,
wenn sie verlieren, diese Herren einer ge-
winnsüchtigen Absicht beschuldigen werden,
wenn sie sehen, daß eine grosse Menge
von Loosen zurückbehalten wird. Das
beste Mittel also, die Vorsteher der Lotterien von allem Verdache zu befreyen, ist,
daß sie keine Ziehung vornehmen lassen,
bis alle Billete ausgegeben sind. Wider-
genfalls werden sie sich allezeit der Ge-
fahr ausgesetzt sehen, von argwöhnischen
Leuten beschuldiget zu werden, daß sie
schon dafür sorgen werden, damit sie bey
denen Loosen, welche auf ihre Rechnung
kommen, keinen Schaden leiden.

X.) Es

X.) Es muß noch durch besondre Abgeordnete des Staates über die Directeurs der Lotterien eine genaue Aufsicht gehalten werden, und diese müssen alle vorgehende Unordnungen verantworten. Dieses wird ein desto grösseres Zutrauen verursachen, und es wird bey einer solchen Einrichtung nicht so leicht zu befürchten seyn, daß es an Mitspielern fehlen werde.

XI.) Vor allen Dingen ist nöthig, daß sich die Lotterien nicht häufen. Auch vor einen grossen Staat ist eine einige Lotterie genug. Wenn dieses nicht geschiehet, und man, wie ich Beyspiele weiß, besonders in kleinen Staaten, einem jeden Freyheit ertheilet, eigne Lotterien anzurichten, so verderben sie sich untereinander selbst, und was noch das grösste Uebel ist, so befleißiget sich der neuankommende immer auf neue und feinere Erfindungen, um die Leute von den vorhergehenden und schon eingerichteten ab- und zu der seinigen zu locken. Wofern auch nur eine einige, aber mit der gehörigen Vorsicht, wovon ich schon einige Stücke angeführet habe, eingerichtete Lotterie in einem Staate befindlich ist, so wird

dieser

dieser allezeit einen wahren Nutzen davon
ziehen, man wird die Einlage erschweren,
und dadurch viele nach Reichthum lüsterne
Gemüther abhalten können, ihr Geld un-
nütze zu verschwenden.   Den Reichen aber
wird es nicht schaden, wenn sie zuweilen einige beträchtliche Summen verlieren, weil
solche gemeiniglich am wenigsten zur Wohlfarth des Staates beytragen.   Zu dessen
Nutzen allein aber, und nicht Privat-Personen zu bereichern, müssen die Lotterien
geduldet werden.   So und nicht anders
können sie einigen Nutzen bringen.

Ich könnte mich hier weitläufig über
alles dasjenige, was man zum Nachtheile
der Lotterien saget, über die viele Betrügereyen, welche dabey vorgehen; über das
Verderben, welches bey einzelnen Personen
dadurch verursachet wird; über die Gewinnsucht der Vorsteher, und was dergleichen
mehr ist, ausbreiten; da aber solches alles,
zwar von vielen, aber doch nicht überhaupt
von allen gesagt werden kann, so begnüge
ich mich damit, so wohl den Schaden, welchen dieselbe verursachen, als auch die Art
gezeiget zu haben, wie sie eingerichtet werden müssen, wenn sie Nutzen schaffen sollen.

Ich

Ich will es noch einmal kürzlich wieder holen. Wenn eine Lotterie dem Staate Nutzen verschaffen solle, so muß sie unter dessen eigner Aufsicht, nicht von Fremden errichtet werden. Es muß nur eine in jedem Staate seyn. Sie muß niemals gezogen werden, so lange noch Loose auf Rechnung der Lotterie zurücke sind. Die Loose müssen auf einen hohen Preis gesetzet, und die Gewinnste augenblicklich bezahlet werden. Die dazu nöthige Personen müssen nicht von den Lotterie-Geldern, sondern unmittelbar aus der Schatzkammer bezahlt, und als wirkliche Bediente derselben angesehen werden. Keiner Privat-Person muß die Freyheit ertheilet werden, eine Lotterie zu errichten. Keine Gewinnste müssen mit baarem Gelde ausser Lands bezahlt, sondern dafür Kapitalien in der Bank oder sonsten angewiesen werden; welche aber der auswärtige glückliche Gewinner wieder zu verhandeln die Freyheit haben muß. Und, wenn ich es noch beyzusetzen darf, man muß den Leuten nicht durch allerley Erdichtungen in den sogenannten vortheilhaften Plans falsche Rechnungen vorlegen, um sie zu bewegen, ihr Geld zu wagen. Wird man bey einer Lotterie bey denen hier so eben angeführ-

angeführten Sätzen bleiben, so werden sie gewiß nicht schädlich seyn, sondern ihren wahren Nutzen bringen.

Da aber dieses unter die fromme Wünsche gehöret, und nach der heutigen Beschaffenheit der Welt solche Lotterien vielleicht nicht errichtet werden können: so muß ich sagen, daß ich vor das beste halte, sie gänzlich von einem wohleingerichteten Staate auszuschliessen. Ich betrachte sie wie eine ansteckende Seuche, welche, wenn man nicht sorgfältig ihren ersten Einbruch verhindert, langsamer Hand fortschleichet, und ihren Gift allenthalben ausbreitet, bis es endlich zur Unmöglichkeit wird, ihrer Gewalt Widerstand zu thun. Hier sind gute Cordons nöthig.

Principiis obsta, sero Medicina paratur.

U L M,

gedruckt bey Christian Ulrich Wagner,

Canton-Buchdruckern, der Kayserl. Französischen Akademie freyer Künste und Wissenschaften in Augsburg, und der Herzogl. deutschen Gesellschaft in Helmstädt Mitglied.